前 言

传染病是影响我国公众健康的重要公共卫生问题之一，目前我国传染病防控形势依然严峻。校园是一个人群相对集中的场所，也是某些传染病暴发和流行的重点场所。因此，校园传染病防治工作的重要内容之一就是普及传染病防治的科普知识，提高传染病防治的整体和综合能力。

近年来，虽然我们通过“医教结合”手段，借助各种途径在校园开展了形式多样的传染病健康教育与健康促进工作，但多以单病种或者部分传染病为主，内容一般只针对一些基本的防控知识，对诸如传染病的治疗、护理、个人防护以及消毒隔离方法涉及较少，且未能将这些知识进行整合，未能形成系统的传染病健康教育读本。因此，目前老师、家长、学生对一些常见传染病的科学正确认知水平仍然不高，校园整体防病水平还亟须提升。

此外，由于社会的迅速发展、交通工具的便利、地区间的交流不断增多，使原来一些看似遥不可及的传染病也有了发生的可能，一些输入性和新发传染病也正在给校园传染病防控工作带来新的挑战。

为此，我们结合近几年校园传染病的流行特征和新发传染病的防治形势，组织公共卫生、临床医学、护理等领域的专家编写了此读本，以期提升学校整体传染病防治水平。

上海市金山区朱泾社区卫生服务中心

本书编委会

目 录

Prevention and Treatment of Infectious Diseases on Campus

校园传染病防治手册

顾　问　陶建秀　宋灿磊
主　编　李　俊　王文静　李淑华
副主编　陈　德　彭艳英　陈悠佳　杨旦红

復旦大學出版社

第一章
总　论

第一节　传染病的定义

传染病(communicable diseases)是指由病原微生物,如细菌(bacteria)、病毒(virus)、真菌(fungus)、支原体(mycoplasma)、衣原体(chlamydia)、立克次体(rickettsia)、螺旋体(spirochete)、寄生虫(parasite)、朊粒(prion)、原虫(protozoa)、蠕虫(helminth)及医学昆虫(medical insects)等感染人体后产生的有传染性、在一定条件下可造成流行的疾病。

第二节　传染病的主要症状

传染病一般症状表现主要有以下四个方面:

(1) 发热,一般表现为腋下体温≥38℃。

(2) 发疹,一般表现为丘疹、出血疹。

(3) 全身不适,一般表现为头痛、腹泻、呕吐及乏力。

(4) 免疫系统的反应,一般表现为淋巴结肿大。

第三节　传染病的流行过程及影响因素

传染病的流行过程是指传染病在人群中发生、发展及转归的过程。其包括3个基本条件，即传染源、传播途径和易感人群(图1-1)。这3个环节必须同时存在，若切断任何一个环节，流行将终止。同时，传染病的流行本身受到社会因素和自然因素的影响。

传染源：指体内有病原体生长繁殖，并可将病原体排出的人和动物。主要有传染病患者、隐性感染者、无症状病原体携带者的人和动物。

传播途径：指病原体自传染源排出后，在传染给另一易感者之前在外界环境中所行经的途径。常见传染病的传播途径主要有空气飞沫传播、经水或食物传播、接触传播、虫媒传播、经土壤传播、垂直传播(母婴传播)、经血液或血液制品传播等。

易感人群：指人群对某种传染病的易感程度，其中以幼儿和老人最为突出。

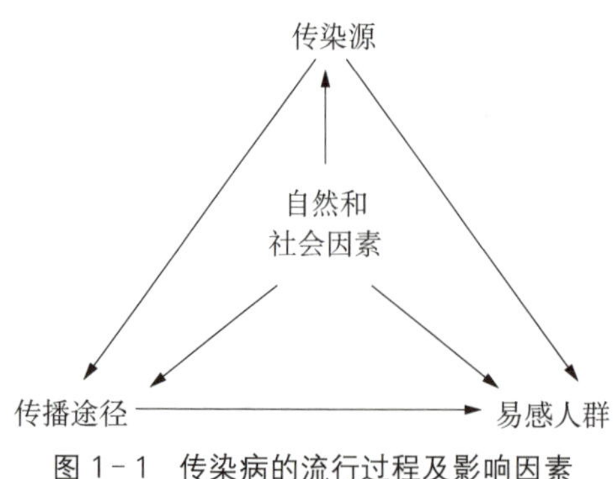

图1-1　传染病的流行过程及影响因素

第四节 传染病的流行强度及特征

传染病的流行强度主要分为：散发、暴发、流行和大流行。

(1) 散发(emission)：指疾病在一定时间发病人数不多，且呈零星散在的发生，在时间和地点上均无明显的联系。

(2) 暴发(outbreak)：指在一定时间内(通常为较短时间内)，某地区或单位有较多(或大量)相同疾病患者出现。

(3) 流行(popular)：在某一地区，某病发病率显著超过历年(散发发病)水平时(一般为前3年平均发病率的3～10倍)称为流行。

(4) 大流行(pandemic)：指某疾病的发病蔓延迅速，涉及地域广，人口比例大，在短时间内可以越过省界、国界，甚至洲界形成世界性流行。

传染病的发生在自然和社会影响下，可表现出不同的流行特征。不少传染病存在一定的季节性发病特点，如冬季、春季以呼吸道传染病多发；夏季、秋季以肠道传染病为主。

第五节 传染病的诊断要点

传染病的诊断要综合分析以下三个方面的资料。

(1) 临床资料：主要包括疾病史的询问和体格检查，如发热、腹泻、黄疸及痉挛性咳嗽等。

(2) 流行病学资料：主要包括传染病的地区分布、时间分布及人群分布，即“三间分布”。

(3) 实验室检测指标：主要包括一般实验室检查，如血常规检查；病原学检测；特异性抗体检查以及其他辅助检查，如

X线、CT、磁共振等检查。

第六节 传染病管理的法律依据

目前，传染病管理的法律依据主要有国家法规和地方法规两大类；国家法规有《中华人民共和国传染病防治法》《突发公共卫生事件应急条例》等，地方法规根据地方实际情况制定，如上海市的《上海市传染病防治管理办法》《学校卫生工作条例》等。

《中华人民共和国传染病防治法》中规定任何单位和个人必须遵守法律的规定，在传染病发生时应配合相关部门的处置。任何单位和个人违反法律规定，导致传染病传播、流行，给他人人身、财产造成损害的，应当依法承担民事责任。

第七节 校园传染病面临的挑战

目前，学校传染病防治仍然面临着巨大的挑战。首先，校园传染病防治工作面临来自传统传染病和新发传染病的双重压力，传统传染病威胁持续存在，新发传染病不断出现。其次，一些性传播疾病在校园也悄然蔓延，给校园传染病防治敲响了警钟。此外，一些传染病的暴发疫情也对校园传染病的防控带来了挑战。新时代，校园传染病防控任务仍任重道远。

第八节 校园传染病的防控策略

校园传染病的防治策略主要是针对传染源、传播途径和易感人群这三个环节展开，包括控制传染源、切断传播途径及保护易感人群。具体包括以下几点：

(1) 做好校园晨检和课间巡查工作，做好缺勤缺课学生的追踪工作。及时发现和隔离传染源。落实早发现、早隔离、早诊断和就近治疗的“三早一就”处置原则。

(2) 做好校园日常预防性和终末消毒，切断传染病传播途径。

(3) 做好校园预防接种的查漏补缺工作，保护易感人群。

(4) 完善校园传染病防控体系，及时应对传染病疫情的发生。

(5) 加强校园传染病健康教育与健康促进工作，从学生、家长、教师三个层面入手，全面提高校园传染病综合防治能力。

(6) 大力开展爱国卫生运动，清洁环境，灭鼠灭蟑，消除蚊蝇孳生地，保持校园环境清洁卫生。

第九节 校园传染病病例及疫情上报流程

学校在出现传染病病例或疫情时，应及时上报，上报流程如下(图 1-2)。

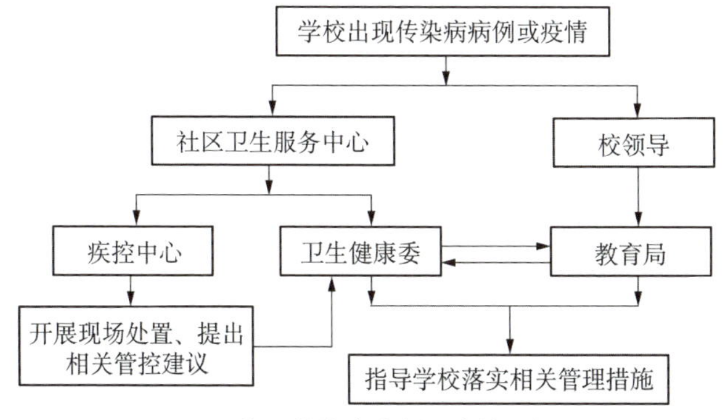

图 1-2 校园传染病病例及疫情上报流程

(李 俊 王文静 宋灿磊 陈 德)

第二章

呼吸道传染病

第一节 2019冠状病毒病

1 何为2019冠状病毒病

2019冠状病毒病(corona virus disease 2019, COVID-19)又称“新冠肺炎”,是指2019冠状病毒感染导致的肺炎。

2 2019冠状病毒病主要症状有哪些

以发热、乏力、干咳为主要表现,少数患者伴有鼻塞、流涕等上呼吸道症状,偶尔会出现缺氧、低氧状态。重症患者多在1周后出现呼吸困难。

3 2019冠状病毒病主要通过什么途径传播

目前,可以确定的2019冠状病毒病传播途径主要为呼吸道传播、气溶胶传播和接触传播。

4 2019冠状病毒病的预防要点是什么

（1）尽量减少外出活动。避免到疾病正在流行的地区；减少到人员密集的公共场所活动。

（2）加强个人防护和手卫生。外出时佩戴口罩；勤洗手，随时保持手卫生。

（3）健康监测与就医。主动做好个人与家庭成员的健康监测，自觉发热时要主动测量体温；若出现可疑症状，应主动佩戴口罩及时就近到正规医疗机构就医。

（4）保持良好卫生和健康习惯。居室勤开窗，经常通风；家庭成员不共用毛巾，保持家居、餐具清洁，勤晒衣被；不随地吐痰，口鼻分泌物用纸巾包好，弃置于有盖垃圾箱内。注意营养，适度运动。打喷嚏时用手肘捂住口鼻，吃饭时使用公筷、公勺。

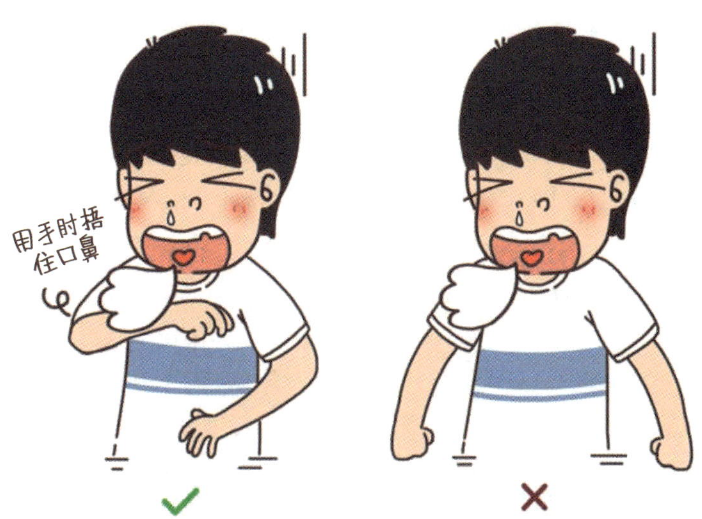

(5) 不要接触、购买和食用野生动物(即野味),尽量避免前往售卖活体动物(禽类、海产品及野生动物等)的市场。

(6) 家庭备置体温计、医用外科口罩或 N95 口罩、家用消毒用品等物资。

(王文静　李　俊)

第二节　流行性感冒

1　什么是流行性感冒

流行性感冒(influenza)是流感病毒引起的急性呼吸道感染,其潜伏期短、传染性强、传播速度快。主要发生在 11 月份至来年 2 月份期间,潜伏期一般为 1～7 天,多数为 2～4 天,老人和慢性病患者可引起较重的并发症。

2　流行性感冒如何分型

共有甲、乙、丙三型(即 A、B、C 三型),其中甲型流感病毒抗原变异频繁、传染性强,容易引起大流行;乙型和丙型流感病毒抗原相对稳定。常见的流行性感冒主要为甲型和乙型流感。

3　流行性感冒主要临床表现是什么

急起高热(一般 40℃以内)、全身疼痛、显著乏力和轻度呼吸道卡他样症状。

4 流行性感冒如何传播

患者和隐性感染者从潜伏期即有传染性，一般发病 3 天内传染力最强，主要通过以下方式传播：

（1）主要通过空气中的飞沫传播。

（2）也可通过接触被污染的手及日常物品的接触传播。

5 流行性感冒主要治疗方法是什么

流行性感冒治疗方法主要有对症治疗和抗病毒治疗。对症治疗包括物理降温，高热者予以解热镇痛药，必要时用止咳祛痰药物。抗病毒治疗主要包括使用离子通道 M2 阻滞剂和神经氨酸酶制剂。

6 流行性感冒主要预防手段包括哪些

（1）避免接触患者。

(2) 流行期少去人多密集处。

(3) 保持室内空气流通,每日通风2～3次,每次不少于30分钟。

(4) 流行前期可以接种流感疫苗进行预防。

7 流行性感冒护理要点有哪些

(1) 充分休息并保证足够的睡眠,症状严重时最好不要洗澡。

(2) 饮食方面应该吃一些软食或者流质,要多喝白开水。

(3) 儿童感冒会引起全身不适,父母可以帮助他们做适当的按摩。

(4) 房间要保持空气清新,坚持室内通风换气十分必要,不要因为怕寒冷而紧闭门窗。

(李 俊 王文静)

第三节 人感染高致病性禽流感

1 什么是人感染高致病性禽流感

人禽流感(human avian influenza)是由禽流感病毒侵入人体后引起的急性呼吸道传染病。人禽流感病毒的主要亚型以 H_7N_9、H_5N_1、H_9N_2 和 H_7N_7 为代表。感染后病情严重者,可出现毒血症、感染性休克及多器官功能衰竭等并发症导致死亡,病死率高。潜伏期一般在7天以内,通常为2～4天。

2　人感染高致病性禽流感是如何传播的

患禽流感或携带禽流感病毒的禽类(鸡、鸭、鹅等)为主要传染源。传播途径有:主要通过呼吸道传播,也可以通过接触已感染禽类及其分泌物、排泄物等被感染。人群普遍易感,与病禽密切接触者更易感染。

3　人感染高致病性禽流感主要的临床表现有哪些

典型症状为流感样症状,主要为发热,一般持续在39℃以上。可伴有流涕、鼻塞、咽痛、肌肉酸痛和全身不适等症状。一般在发病的1～5天后有呼吸急促和明显的肺炎表现。

4　人感染高致病性禽流感有什么治疗方法

尽早隔离患者,早期使用抗流感病毒药物,一般在感染48

小时内服药。重症患者需要加强营养，防止继发感染和其他并发症的发生。

5 人感染高致病性禽流感的预防方法包括哪些

（1）避免接触不明原因死亡的禽类。

（2）养成勤洗手的好习惯。

（3）从事禽类宰杀工作时，或无法避免与病死禽接触时，务必做好个人防护，戴手套和防护口罩。

（王文静　李　俊）

第四节　流行性腮腺炎

1 什么是流行性腮腺炎

流行性腮腺炎（mumps epidemic）是由腮腺炎病毒引起的急性呼吸道传染病。四季均有发病，以冬、春季常见。主要发生在儿童和青少年。

2 流行性腮腺炎主要临床表现是什么

（1）多数患儿以腮腺肿大开始发病。先一侧肿大，1～4天对侧也肿大，以耳垂为中心向前、向后弥漫性肿大，边缘不清，局部无红肿，有轻度压痛，并有弹性感。

（2）少数患儿起病时先有发热，食欲不振，头痛，咽痛，呕吐，数小时至2天内腮腺肿大。

（3）患儿咀嚼及吃酸性食物时局部疼痛。

3 流行性腮腺炎是如何传播的

流行性腮腺炎主要通过空气飞沫传播，患者咳嗽、打喷嚏会将含病毒的飞沫扩散到空气中，患者用过的物品、餐具、食物被病毒感染过也会造成传播。

4 流行性腮腺炎治疗原则是什么

流行性腮腺炎患者应及时就医，并隔离治疗。患者应注意口腔清洁，多补充水分，饮食以流质或半流质为宜，避免咀嚼，禁食辛辣食物，保证营养。必要时使用抗病毒药物和镇痛药物。一般预后良好。

5 在患者护理方面要注意掌握哪些要点

(1) 注意隔离：儿童患了腮腺炎后，要与健康儿童隔离，暂停上学，隔离休息，以免传染他人。

(2) 卧床休息：患者没有得到很好的休息，容易导致并发症的发生。

(3) 合理的饮食：应给患者吃富有营养易消化的流质、半流质或软食，不要吃酸、辣、甜味过浓及干硬食物。

6 如何预防流行性腮腺炎

(1) 接种流行性腮腺炎疫苗是预防该病最科学、最经济及

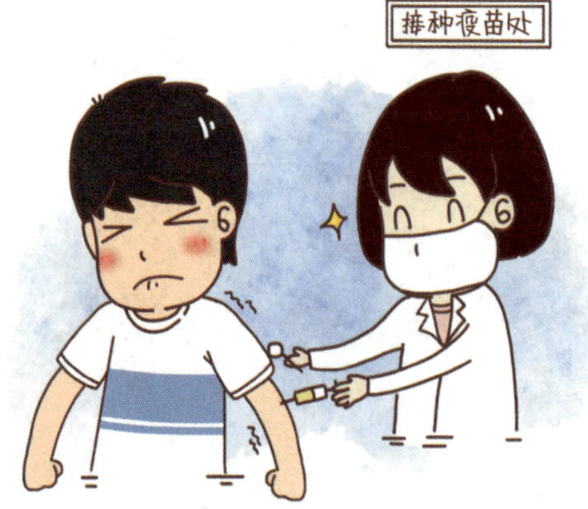

最有效的途径。目前常用的是麻腮风(麻疹、腮腺炎及风疹)联合疫苗。

(2) 流行期间应避免到人群密集的公共场所,应重视通风及换气,避免与急性期患者接触。出门时应戴口罩,尤其是在公交车、地铁等人群拥挤的密闭场所。

(3) 养成良好的个人卫生习惯,做到"四勤一多":勤洗手、勤通风、勤晒衣被、勤锻炼身体、多喝水。

(李淑华　侯思雨　丁美华)

第五节　麻疹

1　什么是麻疹

麻疹(measles)是由麻疹病毒引起的急性呼吸道传染病,发病以儿童最为常见,多发生于冬、春两季。近年来,成人及

低月龄小儿也呈现多发。麻疹潜伏期一般 10 天左右，最长可达 3～4 周。麻疹是一种可防、可治的传染病。

2 麻疹的主要临床表现

麻疹临床表现主要是发热、流涕、咳嗽、眼结膜充血、流泪、畏光及精神不振，逐渐全身出现皮疹。出诊顺序为先耳后、后面部、再全身。多数患者口腔会出现麻疹黏膜斑，称“柯氏斑”，为典型的麻疹症状。也有很多患者没有典型症状。一般出疹 3～4 天后，皮疹开始消退，消退顺序和出疹顺序是一致的。

3 麻疹是如何传播的

麻疹主要是通过呼吸道飞沫传播的，麻疹患者是唯一的传染源。也可以通过患者污染周围环境、接触传播给其他易感人群。

4 患上麻疹怎么办

麻疹是病毒引起的疾病，目前尚无特效药物治疗，主要是对症治疗。针对发热可用清热解毒药。出麻疹时，需要精心护理，防止并发症，并加强支持疗法，帮助患者康复。具体应注意以下几点。

（1）隔离至出疹后 5 天，并发肺炎者延长隔离至出疹后 10 天。

（2）早期及出疹高热时，不宜采用冷敷或较强烈的退热剂，以防疹子出不透。

（3）患者应卧床休息，室内保持清洁、温暖、空气新鲜，切

勿关闭窗户，光线不宜过强。

5 在护理方面，要注意哪些要点

在此病流行期间，尽量不要让孩子去公共场所，以减少被感染机会。

（1）卧室空气要流通，室内空气要保持一定相对湿度。

（2）孩子衣着应冷暖适宜，保持口腔、眼睛及鼻腔的清洁。

（3）患者衣物应在阳光下暴晒。患者曾住房间宜通风并用紫外线照射消毒。

6 如何预防麻疹

要采取以预防接种疫苗为主的综合性预防措施，并做到对麻疹患者的早期诊断、早期隔离与治疗。

（1）管理好传染源：对麻疹患者设立隔离病室。如患者住过的房间应开窗通风半小时，医务人员需勤洗手，更换外衣或在室外间隔至少 20 分钟后再进入。

（2）切断传播途径：在此病流行期间，尽量不要让孩子去公共场所，以减少被感染机会。

（3）保护易感人群：接种麻疹疫苗是预防麻疹最有效的途径。我国 1965 年开始使用麻疹疫苗，首剂次接种在 8 月龄；年幼、体弱多病的人接触麻疹患者后，可采用被动免疫应急接种，皮下注射免疫血清球蛋白。

（李淑华　丁美华　侯思雨）

第六节　水痘

1　什么是水痘

水痘（chicken pox）是由水痘-带状疱疹病毒初次感染引起的传染病，多见于婴幼儿、学龄前、学龄期儿童，具有高度的传染性。潜伏期为 12～21 天，平均 14 天。

2　水痘的主要临床表现是什么

水痘起病急，轻、中度发热，出现皮疹，呈斑丘疹或者疱疹。皮疹先发于头皮、躯干，逐渐扩散至面部，最后是四肢，呈向心性分布。病程呈现由细小的红色斑丘疹→斑疹→疱疹→痂疹→脱疹的演变过程，脱疹后不留瘢痕。

3　水痘是如何传播的

水痘传染性强，患者为主要传染源，传播途径主要是呼吸道飞沫或直接接触传染，出疹前 1～2 天至出疹后 5 天都有传

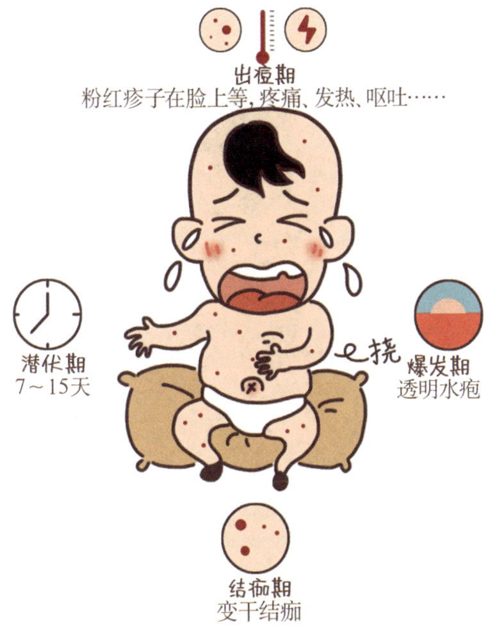

染性。儿童与带状疱疹患者接触也可发生水痘，因两者病因相同。

4 得了水痘怎么办

目前，尚无特效药物治疗，主要是对症处理和预防皮肤继发性感染。由于其传染性强，发现患者应立即隔离。水痘患者在出疹期要严格隔离，至皮疹全部结痂为止（自发病起21天左右）。一般患者预后良好，无后遗症。

5 在家庭护理方面，提醒患儿家长要注意以下几点

（1）休息：发热患儿应卧床休息，给予易消化食物和充足水分。

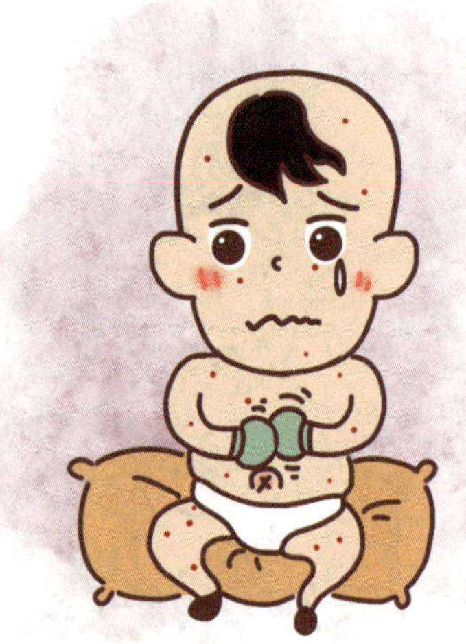

(2) 注意消毒与清洁：对接触水痘疱疹液的衣服、被褥等进行消毒处理。

(3) 定时开窗：房间通风时要注意防止患者受凉。

(4) 退热：如有发热，最好采用物理退热法。吃富有营养易消化的食物，要多喝开水。

(5) 注意病情变化：如发现出疹后出现持续高热不退、咳喘、呕吐及惊厥等，应及时就医。

(6) 避免用手抓破疱疹：特别是注意不要抓破面部的痘疹，以免疱疹被抓破引起化脓感染。低龄患儿需将其指甲剪短，保持手的清洁。

6 如何预防水痘

(1) 注意空气流通：阴雨天气是水痘-带状疱疹病毒特别活跃的时期，应注意保持环境整洁，空气流通。在学校等场所中，应加强教室的通风、换气。

（2）避免接触：避免接触水痘患者，尤其是接触患者破损的水疱分泌物。

（3）接种疫苗：对易感儿童接种水痘减毒活疫苗是预防和控制水痘的有效手段，1 岁半开始接种，4 岁时加强。校园如发现水痘患儿，应对接触的未接种儿童及人员开展应急接种。

（4）培养良好卫生习惯：做到勤洗手，保持皮肤清洁，尽可能减少皮肤的破溃，防止继发感染。

（李淑华　侯思雨）

第七节　肺结核

1　什么是肺结核

肺结核（tuberculosis，TB）是由结核分枝杆菌复合群（简称结核分枝杆菌或结核菌）感染肺部而引起的慢性传染病。

一年四季均可发病，病程一般较长。

2 肺结核的主要临床表现是什么

咳嗽咳痰2周以上；痰中带血、咯血、胸痛；有的人会有低热、盗汗、食欲差、乏力和消瘦。

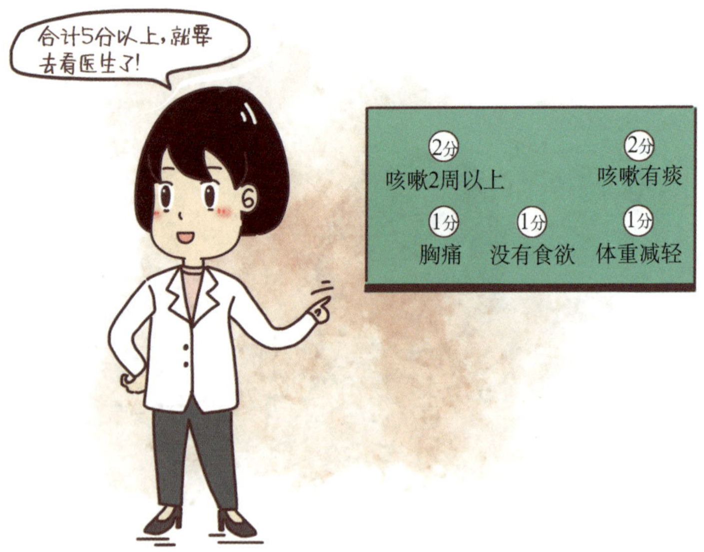

3 肺结核是如何传播的

排菌的患者和动物是主要传染源，肺结核患者通过咳嗽、打喷嚏、大声说话等方式喷出带结核分枝杆菌的飞沫在空气中被健康人吸入而传播。

4 患上肺结核可怕吗

患上肺结核其实不可怕，只要坚持规范治疗，绝大多数结

核患者是可以治愈的，一般预后较好。少数因为治疗不规范形成多重耐药性肺结核的患者预后较差。

5 如何处理肺结核患者

(1) 肺结核患者均应遵医嘱进行休工、休学。

(2) 治疗期间应严格遵医嘱，按时规则服药，保证休息。

(3) 经治疗康复并取得结核病定点医院出具的证明后，方可复工、复学。

(4) 校园内出现结核病患者时，应对其密切接触者(同班师生、同宿舍同学)进行结核病筛查。

(5) 如果筛查新发现结核病病例，需将密切接触者筛查范围扩大至与病例同一教学楼和宿舍楼层的师生。

6 如何预防肺结核

(1) 应养成良好的卫生习惯，保持室内环境卫生整洁，开展环境清扫保洁，消除卫生死角。经常通风，保持空气流通。

（2）不近距离对周围的人咳嗽和打喷嚏，不随地吐痰。

（3）培养良好的作息习惯，不熬夜，不通宵，同时加强体育锻炼，增强体质。

（4）合理膳食，拒绝不洁食物或暴饮暴食。

（杨旦红　徐　芳　詹嘉慧）

第八节　猩红热

1　什么是猩红热

猩红热（scarlet fever）是由 A 组溶血性链球菌感染引起的急性呼吸道传染病。潜伏期为 1～7 天，一般为 2～3 天。一般冬、春两季多发。

2 猩红热的主要临床表现是什么

其主要临床表现为发疹、咽峡炎、全身弥漫性鲜红色皮疹，疾病初期舌头红肿的乳头凸出于白苔之外，称为“草莓舌”。

3 猩红热的主要传播方式是什么

空气飞沫是猩红热的主要传播途径，患者和带菌者为主要传染源。

4 猩红热的主要治疗方法是什么

一般可采用青霉素治疗，对带菌者采用常规剂量青霉素连续用药 7 天，一般均可转阴，预后较好。

5 猩红热的主要预防手段包括什么

（1）流行期间，应避免到人群密集，尤其是儿童密集处。

（2）适当运动，提升自身的免疫力。

(3) 避免与患者近距离接触。

6 猩红热的护理要点有哪些

(1) 急性期应卧床休息,保证足够的睡眠。

(2) 吃稀软、清淡食物,多喝水。

(3) 保持口腔及皮肤清洁卫生,预防继发感染。大龄儿童可用生理盐水漱口。

(李　俊　江　雁)

第九节　百日咳

1 什么是百日咳

百日咳(pertussis)是一种由百日咳杆菌引起的急性呼吸道传染病,一般散发,多发于冬、春两季,多发于儿童,尤其是5岁以下儿童普遍易感。未经治疗、咳嗽可持续2～3个月,故名“百日咳”。该病从潜伏期至发病后6周内均有传染性,在出现症状的2～3周内传染力最强。

2 百日咳的主要临床症状是什么

百日咳的临床特征为咳嗽逐渐加重,呈典型的阵发性、痉挛性咳嗽,咳嗽终末出现深长的鸡啼样吸气性吼声。

3 百日咳的主要传播方式是什么

百日咳主要以呼吸道飞沫传播,患者、隐性感染者和带菌者为该病传染源,以吸入带菌的气溶胶传染。故家庭内传播

较为多见。

4 百日咳的主要治疗方法是什么

一般使用镇静剂开展对症治疗，痉咳严重时可使用抗生素治疗，重症婴幼儿使用泼尼松。一般预后较好。

5 百日咳的主要预防手段包括什么

(1) 保持室内通风。

(2) 及时对痰液及口鼻分泌物消毒。

(3) 接种百白破三联疫苗（百日咳、白喉、破伤风）进行预防。

6 百日咳的护理要点有哪些

(1) 半岁以下婴儿常突发窒息，需有专人看护。

(2) 处理痰液及口鼻分泌物时需要穿戴个人防护服。

(3) 保持室内空气新鲜。

(李 俊 江 雁)

第十节 流行性脑脊髓膜炎

1 什么是流行性脑脊髓膜炎

流行性脑脊髓膜炎(meningococcal meningitis)又称流脑,是由脑膜炎奈瑟菌引起的化脓性脑膜炎,一般多发于冬、春两季,潜伏期一般 2～3 天。部分低龄患者暴发起病,容易引起死亡。

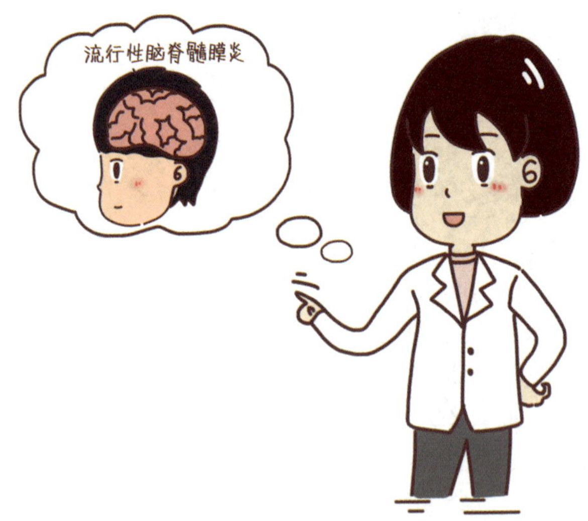

2 流行性脑脊髓膜炎的主要临床症状是什么

流行性脑脊髓膜炎的临床特征主要为突发高热,剧烈头痛，频繁呕吐，皮肤黏膜可见淤点、淤斑，伴发脑膜刺激征。

3 流行性脑脊髓膜炎的主要传播方式是什么

流行性脑脊髓膜炎主要以呼吸道飞沫传播，患者和带菌者为该病传染源，其中带菌者传播意义更为重要。

4 流行性脑脊髓膜炎的主要治疗方法是什么

流行性脑脊髓膜炎的病原治疗常选用青霉素、头孢菌素等抗菌药物，一般在高度怀疑30分钟内使用。高热予以物理降温，颅内压增高一般使用20%甘露醇快速静脉滴注。一般患者预后良好。

5 流行性脑脊髓膜炎的主要预防手段包括哪些

(1) 保持室内通风。

(2) 注意个人和环境卫生，保持室内的清洁，勤洗勤晒衣服和被褥。

(3) 流行期间应尽量避免大型集会及集体活动；如非去不可，应戴上口罩。

(4) 接种A和C两群荚膜多糖菌苗进行预防。

6 流行性脑脊髓膜炎的护理要点有哪些

(1) 安静卧床休息，病室应保持空气流通、舒适、安静。

(2) 饮食：应给予高热量、高蛋白、高维生素、易消化的流质或半流质食物。

(3) 频繁呕吐不能进食及意识障碍者应按医嘱静脉输液，注意维持水、电解质平衡。

（4）安慰患者，以解除他们紧张、焦虑、恐惧的心理。

（李　俊　江　雁）

第十一节　风疹

1　什么是风疹

风疹（rubella）是由风疹病毒（RV）引起的急性呼吸道传染病，包括先天性感染和后天获得性感染。一年四季均可发生，但以冬、春两季发病为多，以 1～5 岁为主要易感人群，故多见于学龄前儿童。托幼机构容易产生局部暴发。潜伏期一般在 14～21 天。

2　风疹的主要临床症状是什么

风疹的临床特征主要为发热（以低热为主）、发疹，皮疹初见于面颈部，迅速扩展躯干四肢，1 天内布满全身，但手掌、足底大多无疹。躯干皮疹一般持续 3 天左右，故又称“三日疹”。

3 风疹的主要传播方式是什么

患者是风疹唯一的传染源，主要通过呼吸道飞沫传播，人与人之间的密切接触也可引起传播。以发病当天和前一天传染性最强。

4 风疹的主要治疗方法是什么

风疹患者一般症状轻微，不需要特殊治疗，主要是对症治疗。一般对发热患者物理降温。出血严重的患者使用肾上腺皮质激素治疗，必要时进行输血。一般预后较好。

5 风疹患者的护理要点有哪些

(1) 应卧床休息，单间隔离，卧室空气清新流畅。

(2) 不要让风直接吹或阳光暴晒患者眼睛，保持眼、鼻、口腔及皮肤的清洁卫生。

(3) 多饮水，饮食选择富有营养、易消化的流质或半流质食品。

(4) 保持室内适当的温度和相对湿度，衣被不宜过多，但要避免着凉。

6 风疹的主要预防手段包括哪些

(1) 流行期间尽量少去公共场所(尤其是医院)，以减少感染和传播机会。

(2) 接种麻腮风(麻疹、腮腺炎及风疹)三联疫苗进行预防。

(3) 保持手卫生及室内环境清洁、通风。

(李　俊　江　雁)

第三章 肠道传染病

第一节 手足口病

1 什么是手足口病

手足口病(hand foot mouth disease, HFMD)是由肠道病毒引起的传染病,引发手足口病的肠道病毒有 20 多种(型),其中以柯萨奇病毒 A6 型、A16 型(Cox A16)和肠道病毒 71 型(EV 71)最为常见,多发生于 5 岁以下儿童,发病时间多为每年 4～6 月份。潜伏期多为 2～10 天,平均 3～5 天。

2 手足口病主要临床表现是什么

手足口病主要表现为口腔疼痛、厌食、低热,手、足、口腔等部位出现小疱疹或小溃疡,疱疹成离心性分布。

3 手足口病如何传播

患者和隐性感染者为主要传染源,发病后 1 周传染性最强。手足口病主要通过以下 2 种途径传播。

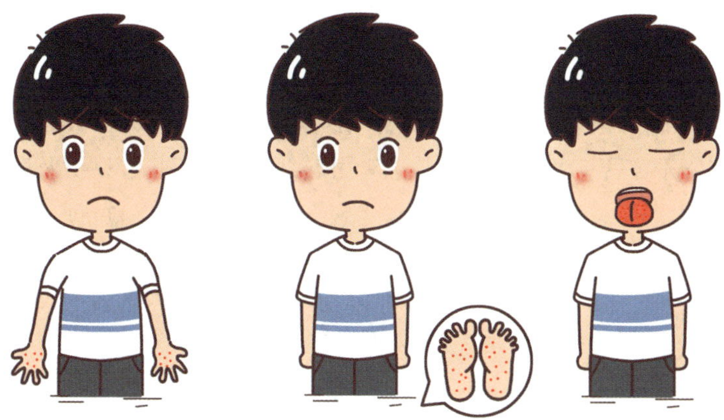

（1）经接触传播：即通过接触患者口鼻分泌物、黏膜疱疹等途径。

（2）呼吸道接触传播：即通过飞沫、咳嗽、打喷嚏等途径。

4 患上手足口病可怕吗

患上手足口病其实并不可怕，大多数手足口病患者为轻症病例，只有极少数低年龄患者可转为重症病例，但只要及时前往正规医院进行对症治疗，一般会在半个月内痊愈，预后良好，不会有后遗症。

5 如何护理手足口病患儿

（1）充分休息，保证充足的睡眠。

（2）饮食方面以吃稀软、清淡食物为主，多喝水。

（3）保持口腔卫生，可用生理盐水漱漱口。

（4）手、足心疱疹不可用未经消毒的针挑破，让其自然消退。

6 如何预防手足口病

（1）健康习惯千万条，正确洗手第一条。预防手足口病，洗手是关键。掌握正确的七步洗手法，养成勤洗手、吃熟食、喝开水、勤通风、晒太阳的好习惯是预防手足口病的最有效手段。

(2) 接种疫苗预防，目前，国内已有手足口病的疫苗接种，但疫苗只预防 EV71 感染引起的手足口病。对于手足口病，主要以隔离为主，如尽量避免和手足口病患者亲密接触，房间注意通风，勤洗手、勤洗脸、勤刷牙，尽量避免与病毒接触。

（王文静　陈　德）

第二节　细菌性痢疾

1　什么是细菌性痢疾

细菌性痢疾(bacterial dysentery)(简称菌痢)是志贺菌属(痢疾志贺菌)引起的以腹泻为主要症状的急性肠道传染病。以夏、秋两季为最多，并可引起流行。

2　细菌性痢疾主要临床表现是什么

细菌性痢疾主要表现为腹部不适或疼痛、呕吐、腹泻，每日大便十余次甚至更多，有里急后重(即排便不畅、肛门重坠感)，大便夹有黏液甚至脓血等。严重者会出现发热、肢冷及昏迷等。得了细菌性痢疾后，要及时去医院诊治，严格遵医嘱服药。

3　细菌性痢疾是如何传播的

细菌性痢疾的主要传染源为患者和带菌者。

(1) 食物型传播：痢疾志贺菌在蔬菜、瓜果、腌菜中能生存 1～2 周，并可繁殖，食用生冷食物及不洁瓜果可引起细菌性痢疾发生。

(2) 水型传播：痢疾志贺菌污染水源可引起暴发流行。

（3）日常生活接触型传播：污染的手是非流行季节中散发病例的主要传播途径。桌椅、玩具、门把手、公共汽车扶手等均可被痢疾志贺菌污染，若用手接触后马上抓食品，或小孩吸吮手指均会致病。

（4）苍蝇传播：苍蝇粪、食兼食，极易造成食物污染。

4 痢疾患者饮食和治疗上应注意什么

痢疾患者的饮食以稀软易消化的食物为主，可吃些稀饭、面条等，必要时可禁食 1 天；不吃油炸、生冷食物，以减轻胃肠道负担。只要治疗及时，护理得当，不发生反复感染，患者恢复是比较快的。

5 在患者护理方面需要有哪些注意点

（1）急性患者必须卧床休息，多饮水，饮食以容易消化的

流质食物为主，如米汤、藕粉、稀粥及面条等。但牛奶不宜多喝，以免增加腹胀。

（2）慢性细菌性痢疾患者需注意个人卫生，同时要提高自身免疫力。

6 如何预防细菌性痢疾

预防细菌性痢疾主要做好以下几点：

（1）做好痢疾患者的粪便、呕吐物的消毒处理，管理好水源，防止致病菌污染水源、土壤及农作物；患者使用过的厕所、餐具也应消毒。

（2）不喝生水，不生吃水产品，蔬菜要洗净，炒熟再吃，水果应洗净削皮后食用。

（3）坚持做到饭前便后洗手，积极做好灭苍蝇、灭蟑螂工作。食具要按时煮沸消毒，剩饭菜要加热后再吃，做到生熟分开。

（4）加强体育锻炼，增强体质，提高自身免疫力。

（侯思雨　董兆鹏）

第三节　伤寒/副伤寒

1　什么是伤寒/副伤寒

伤寒(typhoid fever)是由伤寒沙门菌引起的急性肠道传染病。其一年四季均可发病,但以夏、秋两季为高,青年及儿童发病最多。潜伏期波动范围较大,为3～60天。一般为7～14天。

副伤寒(paratyphoid fever)是由副伤寒沙门菌引起的一组细菌性传染病,其特征与伤寒极为相似。潜伏期较短,一般在8～10天。

2　伤寒/副伤寒主要临床表现是什么

伤寒/副伤寒临床表现接近,主要表现为发热、头痛、全身不适、无力、食欲减退、腹胀、便秘和轻度腹泻等。体温呈阶梯型上升,5～7天可达39～40℃以上,高热持续不退,可达10～14天。主要并发症为肠出血、肠穿孔。

3　伤寒/副伤寒是如何传播的

伤寒/副伤寒沙门菌主要通过粪-口途径传播。水源被污染是本病最重要的传播途径,常可引起暴发流行。食物被污染是传播伤寒的主要途径,有时可引起食物型伤寒的暴发流行。

4　伤寒/副伤寒是如何治疗

伤寒/副伤寒治疗主要包括对症治疗和病原体治疗,对症

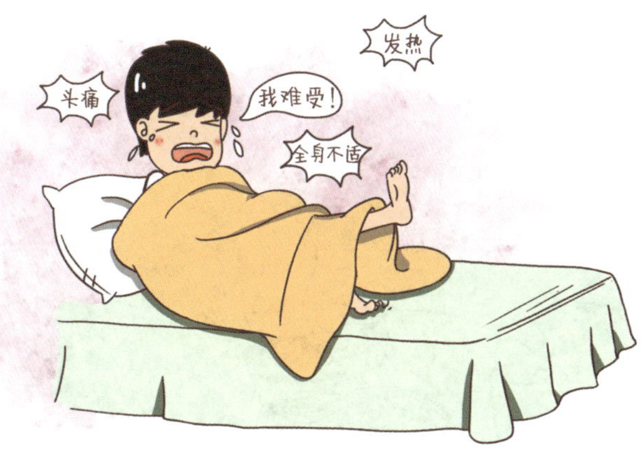

治疗包括降温、通气、通便。病原体治疗一般使用第三代喹诺酮类药物和第三代头孢菌素。一般预后良好。

5 伤寒/副伤寒患者饮食上应注意什么

首先，要注意环境清洁，勿食不洁或生冷食品。其次，给予高热量，高营养，易消化的饮食，包括足量碳水化合物、蛋白质及各种维生素，宜用流质或细软无渣饮食，少量多餐。

6 如何预防伤寒/副伤寒

伤寒/副伤寒的预防应采取切断传播途径为重点的综合性预防措施，因地制宜。

(1) 控制传染源：及早隔离、治疗患者。隔离期应至临床症状消失，体温恢复正常后 15 天为止。也可进行粪便培养检查，连续 2 次均为阴性者可解除隔离。患者的大小便、便器、食具、衣物及生活用品均须作适当的消毒处理。

(2) 切断传播途径：为预防本病的关键性措施。做好健康教育，做好粪便、水源和饮食卫生管理，消灭苍蝇。养成良好的卫生习惯，饭前与便后洗手，不吃不洁食物，不饮用生水、生奶等。

（董兆鹏　侯思宇）

第四节　霍乱

1 什么是霍乱

霍乱(cholera)是由摄入的食物或水受到霍乱弧菌污染而引起的一种急性腹泻性传染病，具有发病急、传播快、波及面广的特点。一般发生在夏秋两季，流行地区主要为上海、广东、江苏及浙江等沿海地区。

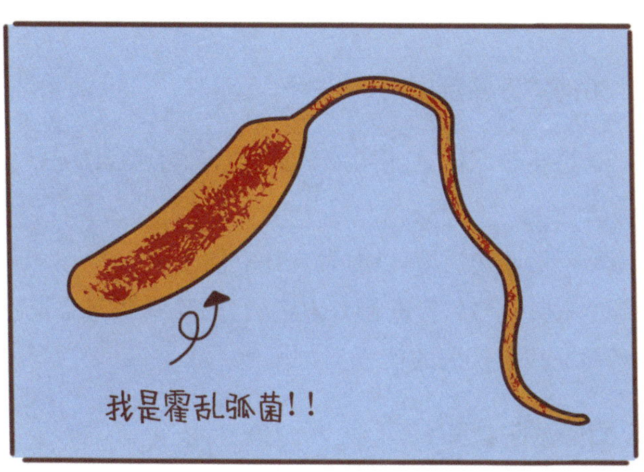

2 感染霍乱后有哪些症状

典型的症状表现为剧烈的无痛性水样腹泻，严重的一天腹泻十几次。感染霍乱后，如果治疗不及时或不恰当，会引起严重脱水导致死亡。

3 霍乱是如何传播的

霍乱可通过饮用或食用被霍乱弧菌传染而又未经消毒处理的水或食物和接触霍乱患者、带菌者排泄物污染的手和物品以及食用经苍蝇污染过的食物等途经传播。

4 霍乱患者该如何治疗

霍乱传染性很强，一旦发现感染霍乱，无论是轻型，还是带菌者，均应进行严格隔离治疗。主要治疗手段为补液，防治脱水，应用抗菌药物进行病原体治疗，常见的有环丙沙星、诺氟沙星和多西环素等。

5 如何护理霍乱患者

（1）严格卧床休息，协助床旁排便，做好臀部及肛周皮肤护理。

（2）密切监测病情，及时发现休克前兆。

（3）家属应与患者进行有效沟通，消除紧张与恐惧感，帮助患者树立战胜疾病的信心。

6 如何预防霍乱

搞好环境卫生，做好管水、管粪、管食品、消灭苍蝇的“三管一灭”工作，培养良好的卫生习惯，防止“病从口入”。做到“五要”“五不要”。

(1) 五要:饭前便后要洗手,海产品要煮熟,隔餐食物要热透,生熟食品要分开,出现症状要就诊。

(2) 五不要:生水未煮不要喝,无牌餐饮不光顾,腐烂食品不要吃,暴饮暴食不可取,未消毒(霍乱污染)物品不要碰。

(王 胜 宋灿磊)

第五节 诺如病毒感染性腹泻

1 什么是诺如病毒感染性腹泻

诺如病毒感染性腹泻(Norovirus infectious diarrhea)是由杯状病毒属诺如病毒引起的腹泻,是引起非细菌性腹泻暴发的主要病因。其感染性强,可在托幼机构、学校、养老院等集体单位引起暴发流行。多发生在夏、秋两季,潜伏期为12~72小时,多为24~48小时内发病。

2 感染诺如病毒后有哪些症状

感染者发病突然,主要症状为恶心、呕吐、发热、腹痛和腹泻,儿童感染者多出现呕吐症状,成人感染者多出现腹泻症状。呕吐物多为米白色。腹泻主要为水样稀便。

3 诺如病毒是如何传播的

诺如病毒以肠道传播为主,可通过污染的水源、食物及物品等传播。也可通过气溶胶传播。患者是主要传染源。

4 如何治疗诺如病毒感染性腹泻

目前，尚无特效的抗病毒药物，以对症或支持治疗为主，一般不需使用抗生素，预后良好。病程一般在3天左右。

5 如何护理诺如病毒感染性腹泻患者

（1）睡眠：让患者充分休息。

（2）饮食方面：吃稀软、清淡食物，多喝水。

（3）手卫生：处理完呕吐物后一定要洗手。

（4）生活方面：进行家庭内部消毒。

6 如何预防诺如病毒感染性腹泻

（1）养成勤洗手的卫生习惯。

（2）进行环境消毒。

（3）不要吃未煮熟及不卫生的食品。

（李　俊　宋灿磊）

第六节　甲型病毒性肝炎

1　什么是甲型病毒性肝炎

甲型病毒性肝炎(hepatitis A)(简称甲肝)是由甲型肝炎病毒(hepatitis A virus, HAV)引起的消化道传染病,该病潜伏期为15～50天,平均为30天。

2　甲型病毒性肝炎主要临床表现是什么

甲型病毒性肝炎主要表现为疲乏无力、厌食,小便色深,发热,巩膜及皮肤发黄等。

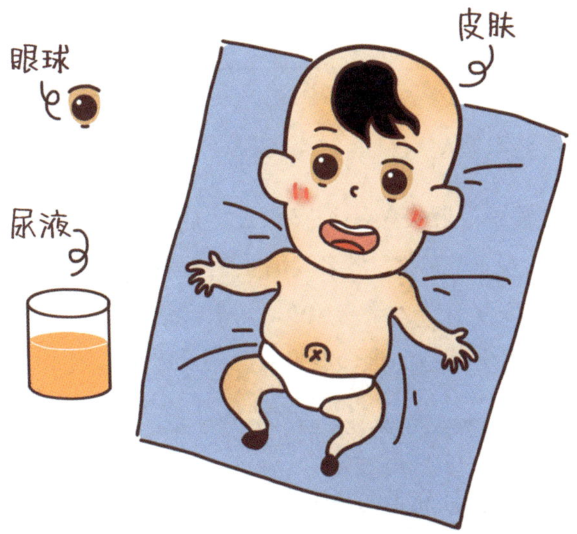

3 甲型病毒性肝炎如何传播

（1）主要经粪-口途径传播，如经食物传播、经水传播。

（2）日常生活接触传播，主要通过污染的手、食品、玩具等，直接或间接经口传入。

（3）偶也可见通过输血与血制品传播。

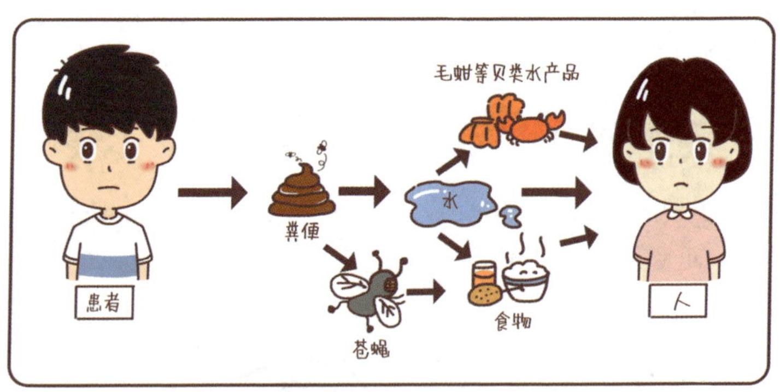

4 患上甲型病毒性肝炎可怕吗

甲型病毒性肝炎是一种自限性疾病，通常表现为急性肝炎，偶尔出现重症肝炎，只要及时去医院就诊，通常在 2 个月内治愈，且恢复后获得终身免疫，一般不转为慢性和病毒携带状态，所以患上甲型病毒性肝炎后只要及时就医则不必惊慌。

5 如何护理甲型病毒性肝炎患者

（1）早期保证充足的睡眠。

（2）症状减轻后，以不疲劳为原则可逐步增加活动。

（3）不生食毛蚶等贝类水产品。

6 如何预防甲型病毒性肝炎

(1) 接种甲型病毒性肝炎疫苗是预防甲型病毒性肝炎最有效的方法。

(2) 养成良好的生活卫生习惯，饭前便后勤洗手，不吃生食，不喝生水，不在不正规小摊进食均可有效防止甲肝。

(3) 学校发现有甲型病毒性肝炎患儿时，应立即对班级隔离，并且对教室、厕所和其活动频繁场所尽早消毒；密切接触患儿的同学、老师可在 2 周内注射正常人免疫球蛋白以防止甲型病毒性肝炎发病或减轻临床症状。

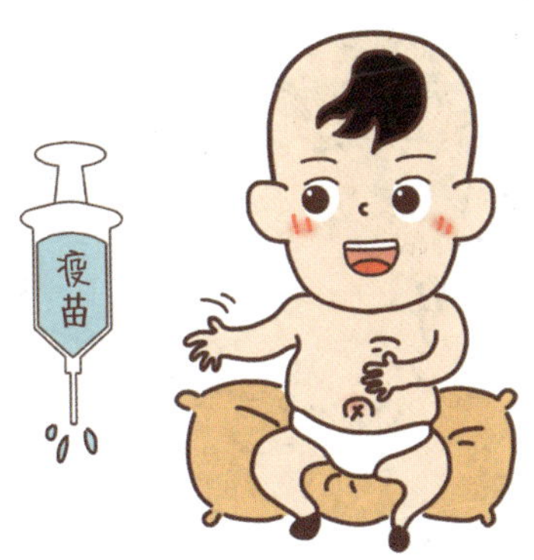

（李宇洁　李淑华）

第七节　戊型病毒性肝炎

1 什么是戊型病毒性肝炎

戊型病毒性肝炎（hepatitis E）（简称戊肝）是由戊型肝炎病毒（hepatitis E virus, HEV）引起的肠道传播性疾病。潜伏期为10～60天，平均40天，比甲型病毒性肝炎的潜伏期长，有时可与甲型病毒性肝炎同时暴发。

2 戊型病毒性肝炎主要临床表现是什么

戊型病毒性肝炎主要表现为黄疸，半数有发热，伴有乏力、恶心、呕吐及肝区痛。

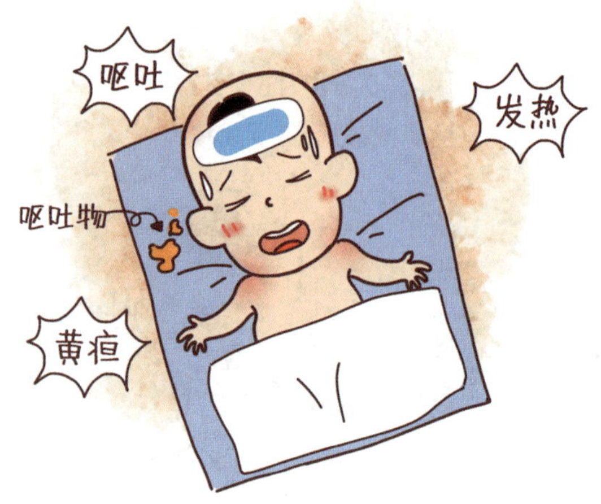

3 戊型病毒性肝炎的传播途径有哪些

（1）主要通过粪-口途径传播，如经水传播、经食物传播，以饮水污染造成流行居多。

（2）日常生活接触传播，主要是戊型病毒性肝炎患者粪便污染外环境或日常生活用品导致。

4 戊型病毒性肝炎可以治好吗

绝大多数人感染HEV后为亚临床感染，很少出现临床症状；发病多为急性起病，一般不发展为慢性，多数患者于病后4～6周恢复正常。

5 如何护理戊型病毒性肝炎患者

（1）症状减轻后以不疲劳为原则可逐步增加活动。

（2）忌暴饮暴食或常饥饿，多吃新鲜蔬菜、水果。

（3）消除心理负担，树立战胜疾病信心。

6 如何预防戊型病毒性肝炎

（1）接种戊型病毒性肝炎疫苗是防控戊型病毒性肝炎的有效手段。

（2）保证学校水源安全，食堂内外整洁，防止生熟食品交叉污染。

（3）发现戊型病毒性肝炎患儿后，立即对班级隔离消毒，并做好水源保护和呕吐物、粪便无害化处理。

（李宇洁　陈　骅）

第八节　急性出血性结膜炎

1　什么是急性出血性结膜炎

急性出血性结膜炎（acute hemorrhagic conjunctivitis，AHC）是1969年新发现的一种眼病，系由肠道病毒70型所引起，现已波及世界各地，成为目前人类最常见的眼病之一。潜伏期很短，接触传染源后2～48小时内双眼可同时或先后发病。

2　急性出血性结膜炎主要临床表现是什么

患者具有明显的眼刺激症状，表现为刺痛、沙砾样异物感、烧灼感、畏光及流泪。眼睑水肿，睑、球结膜高度充血，所以俗称“红眼病”。

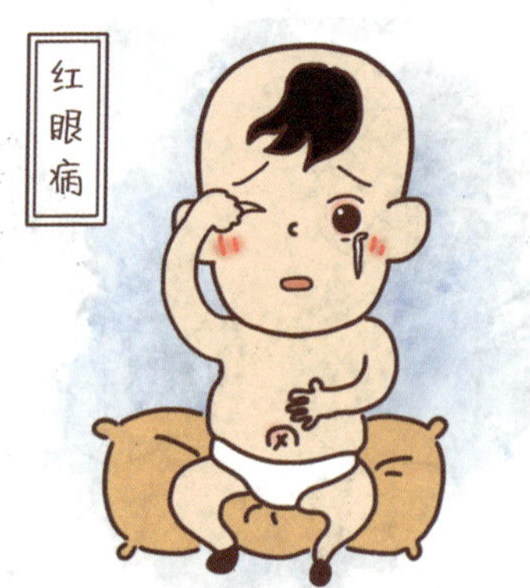

3　急性出血性结膜炎的传播途径是什么

急性出血性结膜炎主要通过接触传播，最常见为眼-手-

眼传播。另外，到患者接触过的泳池、浴池等地方洗澡、游泳，都有可能感染此病。

4 急性出血性结膜炎可怕吗

急性出血性结膜炎其实不可怕，它是一种自限性疾病，患上急性出血性结膜炎经过充分的休息一般可以痊愈，一般无后遗症。

5 如何护理急性出血性结膜炎患者

（1）让眼睛充分休息。

（2）切勿用热水清洗和反复揉搓眼部。

（3）减少日晒，避免阳光对眼睛的刺激。

（4）勤洗手，保持手卫生。

6 如何预防急性出血性结膜炎

（1）养成勤洗手，不揉眼，分巾、分盆的卫生习惯。

（2）加强对游泳池、浴池、理发室、旅馆的卫生管理与监督。

（3）及时地做好病例隔离及环境消毒。

（李　俊　陈　骅）

第九节　脊髓灰质炎

1 什么是脊髓灰质炎

脊髓灰质炎（poliomyelitis）由脊髓灰质炎病毒引起的严

重危害儿童健康的急性传染病，主要侵犯中枢神经系统的运动神经细胞，以脊髓前角运动神经元损害为主。多为 1～6 岁儿童。潜伏期一般为 8～12 天。

2 脊髓灰质炎主要临床表现是什么

脊髓灰质炎主要表现为发热、上呼吸道症状、全身不适、肢体疼痛，若病毒侵犯人体脊髓灰质前面的灰、白质部分，则对灰质造成永久性损害，出现肢体弛缓性神经麻痹，部分患者可发生迟缓性神经麻痹，并留下瘫痪后遗症，俗称“小儿麻痹症”。

3 脊髓灰质炎如何传播

脊髓灰质炎主要以粪-口途径传播，通过患者鼻咽及粪便排出的病毒污染水、食品及日常用品传播，也可通过空气飞沫传播。

隐性感染者和轻症瘫痪型患者是主要传染源。

4 脊髓灰质炎如何治疗

目前脊髓灰质炎无法治愈，也无特效抗病毒药物治疗，治疗原则主要是对症治疗，缓解症状，预防并发症和促进康复。

5 如何护理脊髓灰质炎患者

（1）饮食要以稀软开始到体内逐步适应后再增加其他饮食。以高蛋白、高维生素及轻易消化的食物为主，避免辛辣、油腻的食物。

（2）肌肉疼痛消失和瘫痪停止发展后应进行积极的功能恢复训练，防止机体功能进一步损害。

6 如何预防脊髓灰质炎

目前主要的预防手段为接种减毒活疫苗（OPV）或灭活疫苗（IPV），前者为口服型，后者为注射型，2018 年起全部换成更安全的 bOPV，也就是通常说的口服滴液。疫苗一般需要接种 4 剂，前 3 剂分别在 2、3、4 月龄接种，第 4 剂在 18 月龄或 4 岁接种（如果使用 IPV 或五联，则在 18 月龄接种；如果使用 bOPV，则在 4 岁接种）。

（江　雁　李　俊）

第四章

血液及性传播传染病

第一节 艾滋病

1 什么是艾滋病

艾滋病(acquired immune deficiency syndrome，AIDS)是由于感染了人类免疫缺陷病毒(human immunodificiency virus，HIV)而造成的以免疫系统损害为主要特征的一组综合征，也称获得性免疫缺陷综合征。属于乙类传染病。艾滋病是一种危害大、病死率高的严重传染病，目前尚不可完全治愈、尚无疫苗预防。

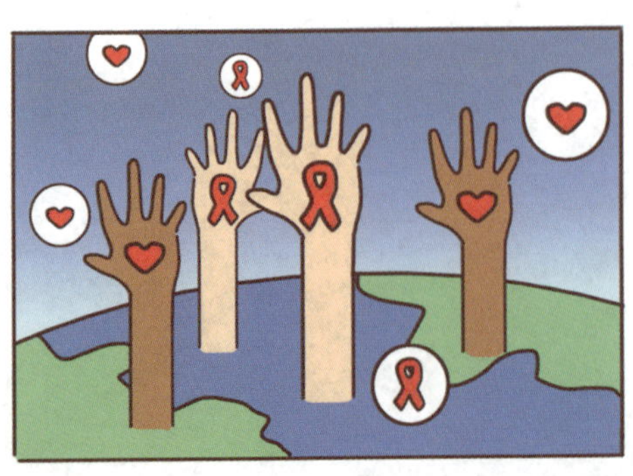

2 艾滋病主要临床表现是什么

HIV 感染后，最开始的数年至 10 余年可无任何临床表现。一旦发展为艾滋病，患者就可以出现各种临床表现。也就是随着免疫系统的破坏，患者开始陆续出现原因不明的发热，虚弱，盗汗，全身淋巴结肿大，体重减轻，各种皮肤病，慢性腹泻，呼吸系统疾病，神经系统疾病等，常并发肺结核、卡氏肺孢子菌肺炎等，晚期常死于各种并发症。

3 艾滋病是如何传播的

艾滋病主要通过以下 3 种途径传播。

(1) 性接触传播：性接触是艾滋病最主要的传播途径。

(2) 经血传播：即通过接触患者血液而传播，如吸毒人员共用针头。

(3) 母婴传播：宫内感染、分娩时和哺乳传播。

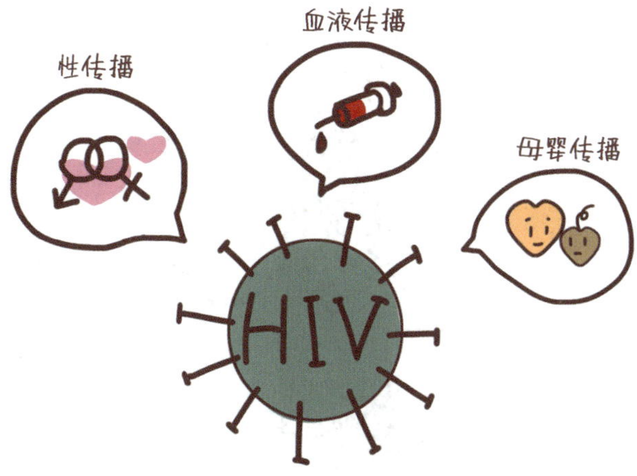

4 患上艾滋病可怕吗

HIV是一种能攻击人体免疫系统的病毒。它把人体免疫系统中最重要的CD4 T淋巴细胞作为主要攻击目标，大量破坏该细胞，使人体丧失免疫功能。机体抵抗力极度下降会引发多种病原体引起的严重感染，并发生长期消耗，以至全身衰竭而死亡。

5 如何应对艾滋病

积极进行抗病毒治疗是关键。目前常采用高效抗反转录病毒联合疗法。

6 如何预防艾滋病

（1）坚持洁身自爱，不卖淫、嫖娼，避免高危性行为。

（2）严禁吸毒，不与他人共用注射器。

(3) 不要擅自输血和使用血制品，要在医生的指导下使用。

(4) 不要借用或共用牙刷、剃须刀及刮脸刀等个人用品。

(5) 要避免直接与艾滋病患者的血液、精液及乳汁接触，切断其传播途径。

(6) 使用安全套是性生活中最有效的预防性病和艾滋病的措施之一。

（李淑华　詹嘉慧）

第二节　乙型病毒性肝炎

1　什么是乙型病毒性肝炎

乙型病毒性肝炎(hepatitis B)(简称乙肝)是由乙型肝炎病毒(hepatitis B virus, HBV)引起的传染病。该病潜伏期一般为30～120天，平均60～90天，最短的为2周，也可长达9个月。乙型病毒性肝炎在我国感染率高，是危害人民健康最严重的常见传染病之一。

2　乙型病毒性肝炎主要临床表现是什么

主要表现为乏力、食欲减退、腹胀、尿黄、便溏等，黄疸和发热少见，检查可发现肝掌、蜘蛛痣等。

3　乙型病毒性肝炎的传播途径是什么

乙型病毒性肝炎主要通过以下4种途径传播。

(1) 经血传播：主要是通过输血及血制品传播；在手术、

采血等治疗过程中，医疗器械被污染且消毒不当可引起医源性传播。

（2）母婴传播：又称垂直传播，由患急性或慢性乙型病毒性肝炎感染的母亲传播给婴儿，可引起代代相传的恶性循环。

（3）性接触传播：夫妻间性接触传播 HBV 可导致乙型病毒性肝炎家庭聚集性传播。

（4）日常生活接触传播：是家庭内传播的方式之一，乙型病毒性肝炎患者的体液，如唾液、血液、乳汁进入健康者体内可导致感染，但握手、拥抱、共同就餐等无体液暴露的接触一般不会传播。

4 乙型病毒性肝炎可以治好吗

HBV 感染后，大多数患者未出现临床症状。部分急性发病的患者可治愈并获得终身免疫，也有部分乙型病毒性肝炎患者病情可迁延不愈，而转变为慢性肝炎或病毒携带者；其他患者则发展为慢性感染，进而引发更严重的肝脏问题。所以，

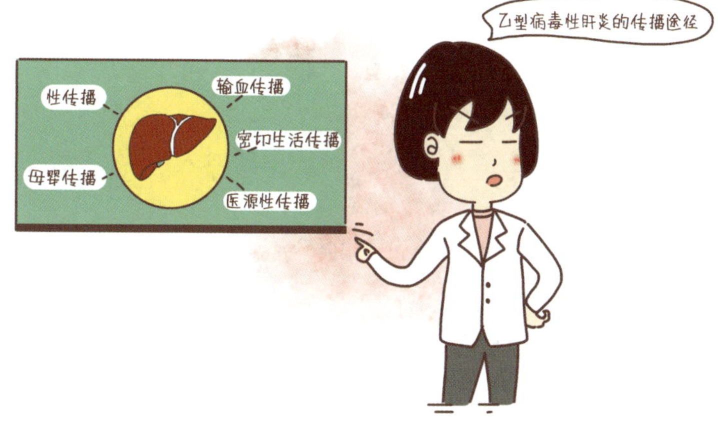

在出现肝功能异常后应及时就医，并遵医嘱治疗。

5 如何护理乙型病毒性肝炎患者

（1）适量运动，动静结合。

（2）合理营养，慢性乙型病毒性肝炎患者可进食含优质蛋白质高的食物，忌盲目进补。

（3）慢性乙型病毒性肝炎患者定期复查肝功能。

6 如何预防乙型病毒性肝炎

（1）接种乙型病毒性肝炎疫苗是防控 HBV 感染最有效的措施。

（2）发现乙型病毒性肝炎患儿后，学校应进行消毒，怀疑有病毒感染可能的及时接种乙型病毒性肝炎免疫球蛋白。

（3）加强性健康教育，正确使用安全套。

（4）注意个人卫生，杜绝共用剃须刀和牙具等用品。

（李淑华　李宇洁）

第三节 梅毒

1 什么是梅毒

梅毒(syphilis)是由梅毒螺旋体感染引起的慢性、系统性性传播疾病,潜伏期为 2～3 周,可侵犯全身脏器和器官而产生多种症状,但也可呈无症状的潜伏梅毒。

2 梅毒主要临床表现是什么

Ⅰ期梅毒主要症状为生殖器官部位的溃疡,即硬下疳。开始时为米粒大小红斑,随后隆起形成黄豆或指头大的硬结,最后逐渐破溃形成大溃疡,通常仅为一个硬结,表面清洁,压上去感觉不出疼痛;Ⅱ期梅毒可出现全身皮疹和其他系统性的损害;Ⅲ期梅毒可发生较为严重的心血管、骨骼、关节、眼及神经系统等损害。

3 梅毒是如何传播的

梅毒主要通过以下 4 种途径传播。

（1）经性接触传播：90%以上是通过性接触传播。

（2）母婴传播：患梅毒的妈妈可通过胎盘、产道或者哺乳传染给孩子。

（3）经血液传播：梅毒患者可以通过输血传播他人。

（4）经接触传播：极少数情况下可通过被污染的衣服或接触梅毒疮口而感染。

4 患上梅毒可怕吗

梅毒如发现及时是可以治愈的，不必过分担忧，但是还是要注意洁身自好，防止不洁性行为。

5 如何治疗梅毒

（1）强调早诊断，早治疗，选用长效青霉素肌内注射，疗程要规则，剂量要足够。

（2）治疗后定期进行临床和实验室随访。

（3）饮食方面要吃新鲜富含维生素的蔬菜、水果，少吃油腻的饮食，忌食辛辣刺激食物，戒烟、酒，适当多饮水。

6 如何预防梅毒

（1）避免非婚性行为。

（2）洁身自好，防止不洁性行为；采取安全性行为，正确使用品质可靠的避孕套。

（3）平时注意个人卫生，不与他人共用牙刷、剃须刀、毛巾等个人护理用品。

（4）远离毒品，不与他人共用注射器；同时，避免不必要的输血。

（5）有过不洁性行为后及早去医院接受性病咨询、检查和治疗。

（徐　芳　詹嘉慧）

第四节　淋病

1 什么是淋病

淋病（gonorrhoea）是由淋病奈瑟菌感染引起的，以泌尿生殖系统化脓性感染为主要表现的性传播疾病，潜伏期3～5天，淋病多发生于性活跃的青年男女。

2 淋病主要临床表现是什么

一般症状较轻，有很多感染者感觉不出有明显的症状。男性患者急性期一般表现为淋菌性尿道炎，常表现为尿频、尿急、尿痛及排尿困难等，排尿终末时针刺样疼痛或疼痛加剧，有时会出现终末血尿、尿道口溢脓等。女性患者急性期一般表现为淋菌性宫颈炎，常表现为尿痛、尿频和阴道分泌物增多，子宫颈可发红充血伴有脓性分泌物，可从尿道、尿道旁腺管或前庭大腺挤出脓液。

3 淋病是如何传播的

淋病主要通过以下 3 种途径传播。

（1）经性接触传播：绝大多数是通过性接触传播。

（2）经接触传播：少数可通过接触被污染的衣裤、被褥、毛巾及便器等感染。

（3）经母婴传播：女性患者可通过产道传染给婴儿。

4 患上淋病可怕吗

淋病经积极治疗是可以治愈的，不必过分担忧，但是还是要注意洁身自好，防止不洁性行为。

5 如何治疗淋病

(1) 尽早确诊,及时治疗,应选择对淋病奈瑟菌最敏感的药物进行治疗。药量要充足,疗程要正规,用药方法要正确。

(2) 患者及性伴侣双方应同时接受检查和治疗。

(3) 充分休息,注意阴部局部卫生。

(4) 未治愈前禁止性行为。

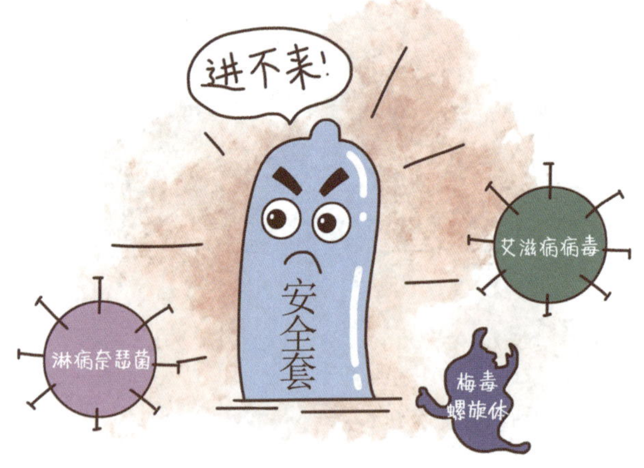

6 如何预防淋病

预防淋病主要做好以下几点。

(1) 进行健康教育,避免非婚性行为。

(2) 提倡安全性行为,推广使用安全套。

(3) 注意隔离消毒,防止交叉感染;认真做好患者性伴侣的随访工作,及时进行检查和治疗。

(4) 执行对孕妇的性病检查和新生儿预防性滴眼制度,

防止新生儿淋菌性眼炎。

(5) 对高危人群定期检查,以筛查感染者和患者,消除隐匿的传染源。

(徐　芳　詹嘉慧)

第五章

自然疫源及虫媒传染病

第一节　疟疾

1　什么是疟疾

疟疾(malaria)俗称“打摆子”，是一种经按蚊叮咬而感染疟原虫所引起的虫媒传染病。于夏、秋两季发病较多，儿童发病率高。

2　疟疾主要临床表现是什么

(1) 典型的疟疾多呈周期性发作，表现为间歇性寒热发作。一般在发作时先有明显的寒战，全身发抖，面色苍白，口唇发绀，寒战持续约 20 分钟至 1 小时，接着体温迅速上升，常达 40℃或更高，患者面色潮红，皮肤干热，烦躁不安，高热持续 2～6 小时后，全身大汗淋漓，大汗后体温降至正常或正常以下。经过一段间歇期后，又开始重复上述间歇性定时寒战、高热发作。

(2) 婴幼儿疟疾发热多不规则，可表现为持续高热或体温忽高忽低，在发热前无寒战表现，或仅有四肢发凉、面色苍

白等症状。婴幼儿疟疾高热时往往容易发生惊厥。

3 疟疾是如何传播的

疟疾的自然传播媒介是按蚊。人被有传染性的雌性按蚊叮咬后即可被感染。

4 患上疟疾如何治疗

疟疾患者会出现贫血，脾、肝大，严重损害健康。特别是恶性疟疾严重的患者会危及生命。发病后不少人往往不去就医，贻误了病情。因此，得了疟疾一定要及早去找医生看病。

（1）一般治疗包括对症治疗，如高热、脑水肿及昏迷等的治疗。

（2）药物治疗，常用抗疟药物有青蒿素、氯喹等。

5 如何护理疟疾患者

(1) 给予高热量、高蛋白、易消化的流质、半流质饮食;注意补充水分。

(2) 卧床休息,减少体力消耗。

(3) 寒战时,予以保暖,并防止外伤。

(4) 高热时予以温水擦浴,醇浴及冰敷等物理降温措施。

(5) 出汗后及时更换衣服,避免受凉。

6 如何预防疟疾

(1) 防止按蚊叮咬:在疟疾流行季节使用纱门、纱窗、蚊香等防蚊措施,对野外露宿的人员,应使用驱避剂和蚊帐,避免按蚊叮咬。

(2) 预防服药:进入国内或国外疟疾高传播地区的人员,应于传播季节定期服用抗疟药,但连续服药的时间不宜超过3～4个月。

(孙春卫 李 俊)

第二节 布鲁菌病

1 什么是布鲁菌病

布鲁菌病(Brucellosis malariae)又称波状热,是由布鲁菌引起的动物源性传染病。布鲁菌病为全球性疾病,我国主要流行于西北、东北、青藏高原及内蒙古等牧区,传染源主要是羊、牛及猪,其次是犬、鹿、马及骆驼等。

2 布鲁菌病的主要临床表现是什么

临床上,以长期发热、多汗、乏力、关节疼痛、肝脾及淋巴结肿大为主要临床表现。本病存在交叉免疫,病后可获较强免疫力,再次感染者很少。

3 布鲁菌病是如何传播的

布鲁菌病主要通过以下 3 种途径传播。

（1）经皮肤及黏膜接触传染：直接接触病畜或其排泄物、阴道分泌物、娩出物；在饲养、挤奶、屠宰以及加工皮、毛、肉等过程中没有注意防护，可经受损的皮肤或眼结膜感染；也可间接接触病畜污染的环境及物品而感染。

（2）经消化道传染：食用含菌的乳类、水和食物而受染。

（3）经呼吸道传染：病菌污染环境后形成气溶胶，导致呼吸道感染。

（4）其他：如苍蝇携带，蜱叮咬也可传播本病。

4 患上布鲁菌病后是否能治疗

在早期、急性期用药可以彻底治愈。治疗应以抗菌治疗为主，一般多采用抗生素联合用药，多疗程治疗，同时给予全身支持疗法，以增强机体抵抗力，提高疗效。

5 如何护理布鲁菌病患者

（1）提高自我防护意识，与牲畜或畜产品接触密切时，要做好个人防护。

（2）坚持规律、全程、联合的治疗，出院后按时服药，定期复查。

（3）进食高热量、高蛋白、富含维生素、易消化饮食，避免油腻、生冷、酸辣刺激性食物。

6 如何预防布鲁菌病

（1）主要是做好动物病菌的防控。饲养的家畜应按国家规定进行每年2次检疫，发现阳性动物按规定进行处置。

（2）其次是加强对职业人群的自我防护教育。在接触家畜过程中，应做好个人防护，包括穿防护服、戴手套、口罩等（必要时带护目镜）；接触动物后及时洗手消毒；不食用生奶、生肉，注意卫生习惯。

（王　胜　莫平华）

第三节　流行性出血热

1　什么是流行性出血热

又称肾病综合征出血热(hemorrhagic fever with renal syndrome, HFRS)(简称出血热),是一种以鼠类为主要传染源的自然疫源性疾病。该病病情重、病程长、发病率高、病死率高,是国家重点防治的传染病之一。

2　流行性出血热主要临床表现是什么

感染流行性出血热病毒后,患者初期表现为发热,体温急剧上升,出现"三痛"(头痛、腰痛及眼眶痛),"三红"(面红、颈红及上胸红)等症状;中后期发生全身性毛细血管出血,病毒释放至血液中出现病毒血症;病毒侵入肾脏引起肾衰竭而死亡。

3 流行性出血热是如何传播的

流行性出血热主要通过以下 4 种途径传播。

(1) 呼吸道传播:鼠类携带病毒的排泄物,如尿、粪、唾液等污染尘埃后形成的气溶胶能通过呼吸道而感染人体。

(2) 消化道传播:被鼠类携带病毒的排泄物所污染的食物可经口腔或胃肠道黏膜感染。

(3) 接触传播:被鼠咬伤或破损伤口接触带病毒的鼠类排泄物或血液后亦可导致感染。

(4) 垂直传播:孕妇感染该病后病毒可以经胎盘感染胎儿。

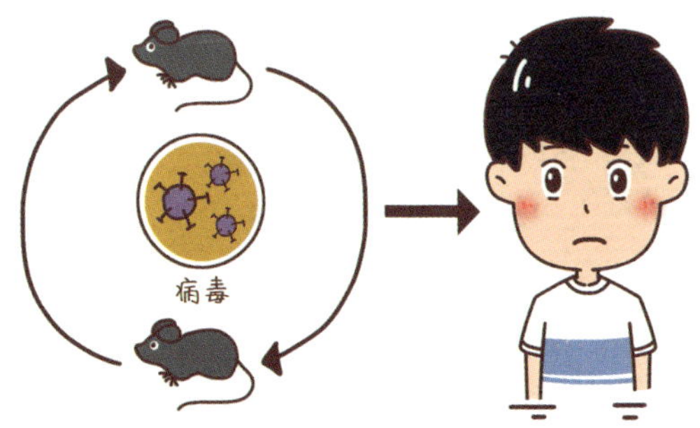

4 流行性出血热治疗原则是什么

由于流行性出血热发病初期像感冒,容易引起误诊,延误病情,造成严重后果,所以遇到不明原因的发热时一定要及时就诊,查明原因。一旦感染上出血热一定要坚持"三早一就"(早发现、早休息、早治疗及就地治疗)的原则。

5 如何护理流行性出血热患者

(1) 休息:绝对卧床休息,不宜搬动,以免加重组织及脏器出血。

(2) 发热期护理:以物理降温为主,如使用冰袋、冰帽等,但注意不能采用乙醇或温水擦浴,以免加重皮肤损害。

(3) 皮肤黏膜的护理:保持床铺的清洁、平整、干燥,协助患者翻身时避免推、拉、拽等动作,以免造成皮肤损伤。

6 如何预防流行性出血热

(1) 接种疫苗是最主要的预防措施:在流行季节前,接种流行性出血热疫苗。

(2) 防鼠、灭鼠是防止感染该病的关键:开展以防鼠、灭鼠为主的爱国卫生运动,搞好环境卫生,清理垃圾,消除鼠类栖息活动的隐蔽场所。

(3) 管理好食品:杜绝病从口入,要做好食品卫生、食具消毒、食物保藏等工作,严防被鼠类污染。

(孙春卫　王　胜　莫平华)

第四节　流行性乙型脑炎

1　什么是流行性乙型脑炎

流行性乙型脑炎(epidemic encephalitis B)(简称乙脑)是由乙型脑炎病毒引起的中枢神经系统急性传染病。流行性乙型脑炎是一种人畜共患的疾病,经蚊等吸血昆虫传播,流行于夏、秋两季,多发生于儿童。

2　流行性乙型脑炎主要临床表现是什么

流行性乙型脑炎的潜伏期为 4～21 天,一般 10～14 天。患者主要表现为发热、剧烈头痛、恶心、呕吐、嗜睡不醒等症状,重者可出现抽搐、昏迷,甚至出现呼吸衰竭而死亡,常造成患者死亡或留下神经系统后遗症。

3 流行性乙型脑炎是如何传播的

主要通过蚊子叮咬传播。能传播该病的蚊虫很多，国内的主要传播媒介为三带喙库蚊。

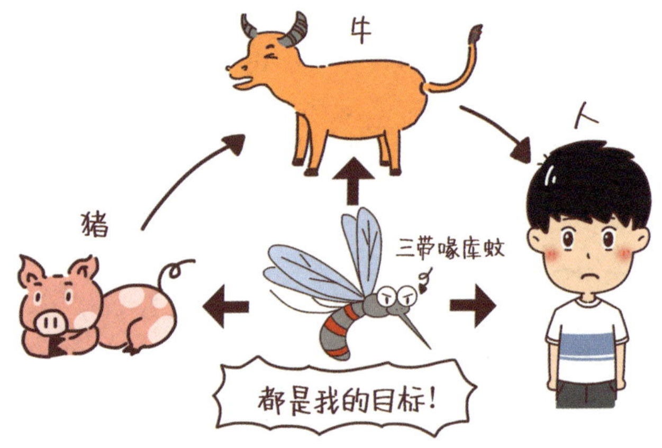

4 患上流行性乙型脑炎该如何治疗

患者应住院治疗，房间应有防蚊、降温设备，应密切观察病情，细心护理，防止并发症和后遗症，对提高疗效具有重要意义。

5 如何护理流行性乙型脑炎患者

（1）养成良好的睡眠习惯，适当运动，提高机体免疫力。

（2）保持呼吸道通畅，勤翻身拍背，痰液黏稠者应加强雾化吸入、吸痰。

（3）保持皮肤、口腔清洁，做好压疮预防护理。

6 如何预防流行性乙型脑炎

（1）免疫接种：是预防流行性乙型脑炎最有效的措施之一，10 岁以下儿童均应在流行季节前 1～3 个月完成接种，以迅速提高人群免疫力。

（2）灭蚊、防蚊：是切断传播途径的重要措施。清扫卫生死角、积水，疏通下水道，喷洒消毒杀虫药水，消除蚊虫孳生地，降低蚊虫密度。

（莫平华　王　胜）

第五节　登革热

1 什么是登革热

登革热(Dengue fever)是由登革病毒引起的急性传染病。该病潜伏期为 3～14 天，一般为 5～7 天。

2 登革热主要临床表现是什么

登革热一般起病急骤，主要表现为突发高热、头痛、眼眶痛、肌肉关节痛，可伴有呕吐、皮疹、出血和浅表淋巴结肿大等。

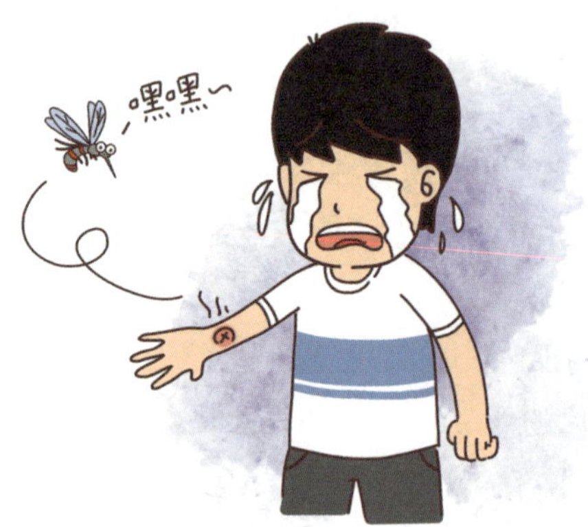

3 登革热是如何传播的

蚊媒途径传播，主要为白纹伊蚊、埃及伊蚊叮咬传播。

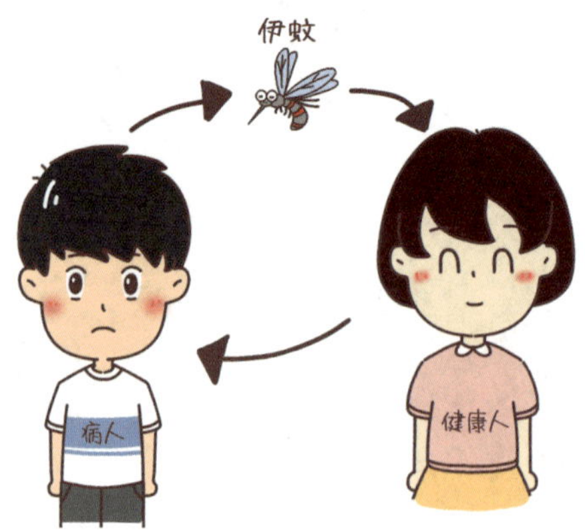

4 登革热可以治好吗

目前，尚无对登革热的特效治疗，以对症治疗为主。登革热康复后可再次感染，且病情可能会加重。及时就医，早诊断，早治疗可减少疾病加重风险。

5 如何护理登革热患者

（1）立即隔离治疗，且隔离点应有有效防蚊设备。

（2）卧床休息。

（3）进食富含营养的易消化流质食物。

6 如何预防登革热

（1）防蚊、灭蚊是预防登革热的关键：防止积水，清除伊蚊孳生地；合理使用灭蚊设备；不在蚊虫集聚处逗留等。

（2）学校发现登革热患儿后，应立即开展灭蚊措施，将登革热扼杀在摇篮中。

（李宇洁　王　胜　孙春卫）

第六节　狂犬病

1 什么是狂犬病

狂犬病(rabies)是狂犬病毒引起的以侵犯中枢神经系统

的一种急性人畜共患传染病。

2 患上狂犬病后有哪些症状

狂犬病典型的症状表现为极度的恐惧、不安，对水表现为极度的恐惧，怕风、肌肉痉挛、多汗、流涎。一旦发病，病死率几乎为100%。

3 狂犬病是如何传播的

狂犬病主要通过带病毒的犬类经咬伤、抓伤传播。少数也可以通过宰杀病犬而被感染。此外猫、蝙蝠也可以传播狂犬病。器官移植也有被传染的风险。

4 狂犬病患者该如何治疗

狂犬病患者需要进行严格的隔离治疗，主要采取对症治疗和抗病毒治疗。对症治疗主要为加强监护，减少风、光、声音的刺激，给与镇静、给氧和缓解痉挛。抗病毒主要为α-干扰素、大剂量抗狂犬病免疫球蛋白治疗，但效果一般，有待进一步研究有效的抗病毒药物。

5 如何护理狂犬病患者

(1) 严格隔离患者，防止唾液污染，并保持安静，防止刺激。

(2) 饮食方面以易消化吸收的蛋白食品为主，如鸡蛋、牛奶、大豆等，忌辛辣、甜腻食品，禁酒水和咖啡类饮品。

(3) 对患者进行心理疏通，消除紧张与恐惧感。

6 如何预防狂犬病

(1) 管理犬类，捕杀野犬，同时做好家犬的管理和免疫，做到文明养犬。及时做好病死犬的处理。

(2) 如被犬咬伤或者抓伤，要立即用20%肥皂水或苯扎溴铵(新洁尔灭)冲洗伤口半小时，除去狗涎，挤出污血，再用2%碘酒或75%乙醇消毒伤口，并局部注射抗狂犬病毒免疫球蛋白。

(3) 预防接种，接种抗狂犬病毒免疫球蛋白进行预防。

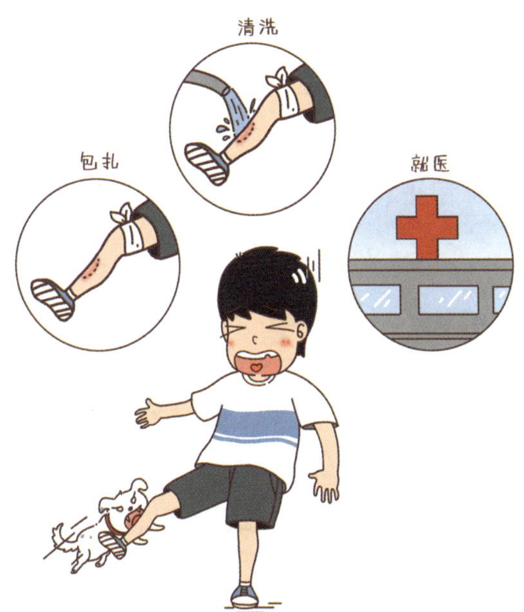

(李　俊　杨旦红)

第六章

传染病的消毒

第一节 消毒的定义

消毒(disinfection)是指通过物理、化学或生物的方法,消除或杀灭外环境中病原微生物的一系列方法。目的在于通过清除病原体来阻止其向外界传播,达到控制传染病发生和蔓延目的。

第二节 消毒种类

传染病消毒种类主要分为以下2种。

(1) 疫源地消毒:指对目前或曾经存在传染源的区域进行的消毒,包括对传染源的排泄物、分泌物及其污染物品进行的随时消毒和患者痊愈或死亡后对活动地进行的终末消毒。

(2) 预防性消毒:指在未发现传染源的情况下,对可能受到病原微生物污染的场所、物品及人体所进行的消毒,如饮水消毒、手消毒、餐具消毒等。

第三节 常见消毒方法及适用范围

日常生活中常见的消毒方法有物理消毒法和化学消毒法两大类。

1 物理消毒法

(1) 煮沸消毒:适用范围为耐热且防水的物品,一般用于如餐饮、茶具的消毒。

(2) 压力锅灭菌:适用范围为耐热且耐高压的物品,一般用于餐饮、茶具的消毒。

(3) 紫外线消毒:适用范围为紫外线能照射到的区域,一般用于室内空气、水、书籍的消毒。

2 化学消毒法

(1) 含氯消毒剂:常用的包括二氯异氰尿酸钠、三氯氰尿酸、84 消毒液，一般用于水、餐饮、茶具及环境物体表面消毒。

(2) 含溴消毒剂：常用的有二溴海因，一般用于物体表面消毒。

(3) 氧化消毒剂：常用的有过氧化氢、臭氧，一般用于空气消毒。

(4) 醇类消毒剂：常见的有 75%乙醇，一般用于小型电子产品表面及手、皮肤黏膜等部位的消毒。

(5) 醛类消毒剂：常见的有戊二醛，一般用于对金属医疗器械的消毒。

(6) 碘类消毒剂：常见的有 2%碘酊和 5%聚维酮碘，常用于皮肤伤口消毒。

第四节 常见消毒设备及个人防护选择

常见消毒设备有常量喷雾器、超低容量喷雾器，紫外灯、臭氧仪及消毒柜等。

日常预防性消毒一般选择一般防护或一级防护。

一般防护：穿工作服、戴口罩和手套。

一级防护：穿工作服，一次性隔离衣，一次性医用帽子，医用口罩，一次性医用手套。

需使用更高级别个人防护的消毒工作需由专业的医疗机构或消毒机构指导开展。

第五节 具体环节预防性消毒方法及注意事项

1 预防性消毒方法

(1) 空气消毒：通风良好的建筑，开窗通风每日至少 2～3

次，每次30分钟以上；通风条件不良的建筑，可采用空气消毒器进行消毒。一般使用过氧化氢进行超低容量消毒，作用时间15～30分钟。

(2) 环境物体表面消毒：门把手、窗把手、台面、桌椅、扶手、水龙头、墙面及地面等使用含氯或含溴消毒剂250毫克/升擦拭或喷洒消毒，作用时间15～30分钟。

(3) 餐饮具消毒：首选物理消毒方法，一般是煮沸消毒，作用时间15～30分钟。或者使用压力锅消毒或消毒柜进行消毒。按说明书进行消毒。

(4) 纸质物品消毒：首选紫外线消毒，作用时间1小时。

(5) 空调消毒：分体式空调必要时消毒过滤网和过滤器，使用含氯或者含溴消毒剂250毫克/升喷洒浸泡消毒15～30分钟，再用清水洗净，晾干。中央空调消毒应寻求有资质的专业消毒技术单位开展消毒。

(6) 手消毒：一般情况下在流动水下使用洗手液或肥皂充分搓洗即可。

(7) 通信设备消毒：以日常清洁为主，定期(推荐1次/周)使用过氧化氢消毒湿巾或75%的乙醇表面擦拭清洁消毒。

(8) 文体用具消毒：使用含氯或含溴消毒剂250毫克/升进行消毒，作用时间15～30分钟。或置阳光下暴晒4小时以上。

(9) 棉织物品消毒：棉织物品可戴手套清洗干净，置阳光下暴晒4小时以上。

(10) 垃圾消毒：垃圾点一般使用含氯或含溴消毒剂2000毫克/升喷洒，作用时间15～30分钟。

(11) 马桶/便池消毒：马桶外部用含氯或含溴消毒剂500

毫克/升擦拭，内部用含氯或含溴消毒剂 500 毫克/升冲洗。便池使用含氯或含溴消毒剂 500 毫克/升冲洗。

(12) 体温计消毒：体温表应放入不同容器内消毒与保存，首先洗净揩干，使用 1000 毫克/升有效氯浸泡 5 分钟后，再放入另一个 1000 毫克/升有效氯溶液浸泡 30 分钟。消毒后体温表应用冷开水冲洗干净或用乙醇擦干后备用。或者使用 75%的乙醇表面擦拭清洁消毒。

(13) 呕吐物消毒：不可使用拖布或抹布直接清理吐泻物、分泌物，可用消毒湿巾或一次性抹布覆盖包裹呕吐物，戴手套丢入废物袋。再使用含氯或含溴消毒剂 1000 毫克/升对污染地方开展擦拭消毒，作用时间 15～30 分钟。

2 消毒的注意事项

(1) 避免不同化学消毒剂同时使用，防止产生化学反应。

(2) 部分消毒剂属于危险化学品，使用时要慎重避免爆炸，如乙醇。

(3) 合理开展预防性消毒，避免产生消毒不到位或过度消毒。

(4) 空气消毒完成后需要开窗通风，物体表面消毒完成后需要用清水擦拭。

（江　宁　李　俊）

第七章

校园隔离点的设置要求

学校应设置传染病隔离留观点用于应对校园传染病防治工作，校园隔离点设置必须满足以下条件。

(1) 空间相对独立，远离教学楼及食堂，采光、通风良好。

(2) 要设置醒目的提醒标识，避免其他人员误入。

(3) 有专人进行管理，传染病处置方案齐全，并配备相应的消毒设备、消毒试剂、日常监测、救治的医疗设备、常用药物及个人防护物资，定期开展消毒工作。

(4) 有非接触式洗手设备及专门的感染性垃圾收集处置设备。

（5）有较为独立的卫生间或在相对独立的区域配备移动马桶。

（陶建秀　孙翠英）

第八章

免疫规划时间列表

上海市第一类疫苗接种程序表(2018版)													
接种起始年(月)龄	乙肝疫苗	卡介苗	脊灰疫苗		百白破疫苗	流脑多糖疫苗		麻风疫苗	乙脑疫苗	麻腮风疫苗	甲肝疫苗	水痘疫苗	白破疫苗
			灭活	减活		A群	A+C群						
出生时	1	1											
1月龄	2												
2月龄			1										
3月龄			2		1								
4月龄				1	2								
5月龄					3								
6月龄	3					1							
8月龄								1	1				
9月龄						2							
12月龄												1	
18月龄					4					1	1		
2岁									2		2		

续 表

上海市第一类疫苗接种程序表(2018 版)													
接种起始年(月)龄	乙肝疫苗	卡介苗	脊灰疫苗		百白破疫苗	流脑多糖疫苗		麻风疫苗	乙脑疫苗	麻腮风疫苗	甲肝疫苗	水痘疫苗	白破疫苗
			灭活	减活		A 群	A+C 群						
3 岁							1						
4 岁				2						2		2	
6 岁							2						1

(王　胜　侯思宇)

第九章

常见传染病的隔离观察时间

病种	病例隔离期	班级观察期
2019 冠状病毒病	完全痊愈	14 天
流行性感冒	退热后 48 小时	7 天
流行性腮腺炎	腮腺肿大完全消失	21 天
麻疹	出疹后 4 天,并发肺部感染延长至出疹后 14 天	21 天
水痘	全部水疱结痂、痂皮干燥	21 天
肺结核	两次痰检阴性	12 个月
猩红热	足量抗生素治疗 24 小时后＋体温正常	12 天
百日咳	抗生素治疗 7 天后	21 天
流行性脑脊髓膜炎	自发病起不少于 7 天	7 天
风疹	自发病不少于 7 天	21 天
手足口病	症状消失后 1 周	14 天
细菌性痢疾	粪便 2 次培养阴性	7 天
伤寒	粪检 2 次阴性	23 天
副伤寒	粪检 2 次阴性	15 天

续　表

病种	病例隔离期	班级观察期
霍乱	停药后连续2天粪检阴性	5天
诺如感染性腹泻	症状消失后72小时	3天
甲型病毒性肝炎	发病起3周	45天
戊型病毒性肝炎	发病起3周	45天
急性出血性结膜炎	症状消失后	7天
脊髓灰质炎	脊髓灰质炎病毒分离或聚合酶链反应(PCR)检测阴性	40天
登革热	不少于5天	15天

（宋灿磊　李　俊）

附录

上海市公民健康素养核心信息 72 条

一、基本知识和理念

(1) 健康不仅仅是没有疾病或虚弱,而是身体、心理和社会适应的完好状态。

(2) 每个人都有维护自身和他人健康的责任,健康的生活方式能够维护和促进自身健康。

(3) 环境与健康息息相关,保护环境,促进健康。

(4) 无偿献血,助人利己。

(5) 每个人都应当关爱、帮助、不歧视病残人员。

(6) 定期进行健康体检。

(7) 成年人的正常血压为收缩压≥90 mmHg 且<140 mmHg,舒张压≥60 mmHg 且<90 mmHg;腋下体温 36~37℃;平静呼吸 16~20 次/分;心率 60~100 次/分。

(8) 接种疫苗是预防一些传染病最有效、最经济的措施,儿童出生后应按照免疫规划程序接种疫苗。

(9) 在流感流行季节前接种流感疫苗可减少患流感的机会或减轻患流感后的症状。

(10) 艾滋病、乙肝和丙肝通过血液、性接触和母婴 3 种途径传播,日常生活和工作接触不会传播。

(11) 肺结核主要通过病人咳嗽、打喷嚏、大声说话等产生的飞沫核传播；出现咳嗽、咳痰2周以上，或痰中带血，应及时检查是否得了肺结核。

(12) 坚持规范治疗，绝大部分肺结核病人能够治愈，并能有效预防耐药结核的产生。

(13) 在血吸虫病流行区，应尽量避免接触疫水；接触疫水后，应及时进行检查或接受预防性治疗。

(14) 家养犬、猫应接种狂犬病疫苗；人被犬、猫抓伤、咬伤后，应立即冲洗伤口，并尽快注射抗狂犬病免疫球蛋白(或血清)和狂犬病疫苗。

(15) 蚊子、苍蝇、老鼠及蟑螂等会传播疾病。

(16) 发现病死禽畜要报告，不加工、不食用病死禽畜，不食用国家保护的野生动物。

(17) 关注血压变化，控制高血压危险因素，高血压患者要学会自我健康管理。

(18) 关注血糖变化，控制糖尿病危险因素，糖尿病患者应加强自我健康管理。

(19) 积极参加癌症筛查，及早发现癌症和癌前病变。

(20) 每个人都可能出现抑郁和焦虑情绪，正确认识抑郁症和焦虑症。

(21) 关爱老年人，预防老年人跌倒，识别老年痴呆。

(22) 选择安全、高效的避孕措施，减少人工流产，关爱妇女生殖健康。

(23) 保健食品不是药品，正确选用保健食品。

(24) 劳动者要了解工作岗位和工作环境中存在的危害因素，遵守操作规程，注意个人防护，避免职业伤害。

(25) 从事有毒有害工种的劳动者享有职业保护的权利。

(26) 手足口病主要通过食物、口鼻飞沫及接触传播,出现症状及时就诊,并在家休息。

二、健康生活方式和行为

(1) 健康生活方式主要包括合理膳食、适量运动、戒烟限酒、心理平衡4个方面。

(2) 保持正常体重,避免超重与肥胖。

(3) 膳食应以谷类为主,多吃蔬菜、水果和薯类,注意荤素、粗细搭配。

(4) 提倡每天食用奶类、豆类及其制品。

(5) 膳食要清淡,要少油少盐,食用合格碘盐。

(6) 讲究饮水卫生,每天适量饮水。

(7) 生、熟食品要分开存放和加工,生吃蔬菜水果要洗净,不吃变质、超过保质期的食品。

(8) 成年人每日应进行6~10千步当量的身体活动,动则有益,贵在坚持。

(9) 吸烟和二手烟暴露会导致癌症、心血管疾病、呼吸系统疾病等多种疾病。

(10) "低焦油卷烟""中草药卷烟"不能降低吸烟带来的危害,反而容易诱导吸烟,影响吸烟者戒烟。

(11) 任何年龄戒烟均可获益,戒烟越早越好,戒烟门诊可提供专业戒烟服务。

(12) 少饮酒,不酗酒,戒酒需要医学专业指导。

(13) 遵医嘱使用镇静催眠药和镇痛药等成瘾性药物,预防药物依赖。

(14) 拒绝毒品。

（15）劳逸结合，每天保证 7～8 小时睡眠。

（16）应该重视和维护心理健康，遇到心理问题时应主动寻求帮助。

（17）勤洗手、常洗澡、早晚刷牙、饭后漱口，不共用毛巾和洗漱用品。

（18）根据天气变化和空气质量，适时开窗通风，保持室内空气流通。

（19）不在公共场所吸烟、吐痰，咳嗽、打喷嚏时遮掩口鼻。

（20）农村使用卫生厕所，管理好人畜粪便。

（21）科学就医，及时就诊，遵医嘱治疗，理性对待诊疗结果。

（22）合理用药，能口服不肌注，能肌注不输液，在医生指导下使用抗生素。

（23）戴头盔、系安全带，不超速、不酒驾、不疲劳驾驶，配备和使用儿童安全座椅，减少道路交通伤害。

（24）加强看护，避免儿童接近危险水域或高处，预防溺水或跌落。

（25）冬季取暖注意通风，谨防煤气中毒。

（26）夏季高温天要注意防暑降温，预防中暑。

（27）主动接受婚前和孕前保健，孕期应至少接受 5 次产前检查并住院分娩。

（28）孩子出生后应尽早开始母乳喂养，满 6 个月时合理添加辅食。

（29）通过亲子交流、玩耍促进儿童早期发展，发现心理行为发育问题要尽早干预。

（30）青少年处于身心发展的关键时期，要培养健康的行为生活方式，预防近视、超重与肥胖，避免网络成瘾和过早性行为。

（31）遵循医嘱，预防心脑血管疾病，改变不健康的生活方式。

（32）雾霾中含有多种有害物质，损害人体健康，佩戴口罩可以减少雾霾对人体的伤害。

三、基本技能

（1）关注健康信息，能够获取、理解、甄别、应用健康信息。

（2）能看懂食品、药品、保健品的标签和说明书。

（3）会识别常见的危险标识，如高压、易燃、易爆、剧毒、放射性、生物安全等，远离危险物。

（4）会测量脉搏和腋下体温。

（5）知道脑卒中快速识别和应对以及冠心病发病时主要表现和应对。

（6）会正确使用安全套，减少感染艾滋病、性病的危险，防止意外怀孕。

（7）妥善存放和正确使用农药等有毒物品，谨防儿童接触。

（8）寻求紧急医疗救助时拨打“120”，寻求健康咨询服务时拨打“12320”。

（9）发生创伤出血量较多时，应立即止血、包扎；对怀疑骨折的伤员不要轻易搬动。

（10）遇到呼吸、心跳骤停的伤病员，会进行心肺复苏。

（11）抢救触电者时，要首先切断电源，不要直接接触触电者。

(12) 发生火灾时,用湿毛巾捂住口鼻、低姿逃生;拨打火警电话“119”。

(13) 发生地震时,选择正确避震方式,震后立即开展自救互救。

(14) 发生拥挤踩踏时,应根据自身当时所处情形选择正确逃生方式。

(来源:上海市健康促进中心)

主要参考文献/参考资料

1. 李兰娟，任红．传染病学[M]．8 版．北京：人民卫生出版社，2013.
2. 詹思延．流行病学[M]．8 版．北京：人民卫生出版社，2017.
3. 王绍峰，彭宏伟．传染病护理学[M]．2 版．北京：科学出版社，2017.
4. 冯子健主译．传染病控制手册[M]．北京：中国协和医科大学出版社，2008.
5. 薛广波．传染病消毒技术规范[M]．北京：中国标准出版社，2013.
6. 张文宏．2019 冠状病毒——从基础到临床[M]．上海：复旦大学出版社，2020.
7. 李东．新型冠状病毒肺炎的社区防护策略[J]．医药导报，2020，39(3)：315－318.

Prevention and Treatment of Infectious Diseases on Campus

传染病是影响我国公众健康的重要公共卫生问题之一，校园作为人群相对集中的场所，其防控压力相对较大，为此在校园普及相关传染病防治知识尤为重要。该读本以校园传染病流行特征为依据，同时结合实际情况，将一些常见传染病的基本特点、临床症状、处理方式、护理方法及预防要点等知识融为一体，并运用最通俗易懂的方式进行展现，旨在为校园传染病防控和健康科普提供指导和专业支持。

复旦社
陪你阅读这个世界

ISBN 978-7-309-15671-3

9 787309 156713 >

定价：50.00元